消費者教育 Q&A
－消費者市民へのガイダンス－

日本消費者教育学会 編

はじめに

学会長(横浜国立大学教授) 西 村 隆 男

　本書は、日本消費者教育学会が創立10周年記念事業として出版した『消費者教育Q＆A』、そして創立25周年を機に記念事業として改訂し出版した『新消費者教育Q＆A』に続き、2012年の消費者教育推進法の成立を得て、創立35周年事業として装丁も大幅にリニューアルして編纂したものである。「消費者教育」が世に問われて久しいが、学会の最新の英知として、改訂を重ね多くの方々に利用されていることを喜びたい。

　初代『消費者教育Q＆A』は、1991年に刊行され、2代目の『新消費者教育Q＆A』は、2004年の消費者保護基本法から消費者基本法への消費者政策の転換の下、21世紀型消費者教育への序章を描くものとして、2007年に発刊された。

　今回の出版は、2009年に発足した消費者庁および消費者委員会、さらに、国および地方公共団体に対して消費者教育の推進を責務として定めた2012年の消費者教育推進法の制定を受け、内外において一層重視されてきた消費者教育の現状や課題について、改めて整理したものである。消費者教育に携わる方々、ならびにこれから消費者教育を学ぶ学生の皆さんなど、巾広く活用されることを期待する。

　執筆にあたり協力をいただいた学会員各位、並びに編集の労をいとわずご尽力くださった山梨大学准教授の神山久美氏、福岡教育大学専任講師の奥谷めぐみ氏に深く感謝申し上げたい。

2016年9月

目　次

まえがき……………………………………………………………… 1

Q 1　消費者教育とは何か………………………………………… 4

Q 2　消費者教育の目的とは何か………………………………… 6

Q 3　消費者教育は消費者の権利・責任とどのようにかかわるのか… 8

Q 4　消費者教育推進法の意義や役割はどのようなものか……10

Q 5　消費者市民社会とはどのような社会なのか………………12

Q 6　消費者教育はどのように発展してきたのか………………14

Q 7　消費者教育の場としての学校・地域・家庭・職域は
　　　どのように展開が可能か………………………………………16

Q 8　生涯学習としての消費者教育の内容はどのようなものか…18

Q 9　消費者教育の体系イメージマップとはどのようなものか…20

Q10　学校教育としての消費者教育の内容はどのようなものか…22

Q11　消費者教育の方法にはどのようなものがあるか…………24

Q12　消費者政策と消費者教育はどのようにかかわるのか……26

Q13　国民生活センター・消費生活センターはどのような役割が
　　　あるか……………………………………………………………28

Q14　消費者教育は消費者啓発・情報提供とどのようにかかわるのか……30

Q15　企業における消費者教育はどのようなものか……………32

Q16	消費者団体・組織における消費者教育とはどのようなものか	34
Q17	消費者教育は消費者運動とどのようにかかわるのか	36
Q18	消費者教育における連携・協働とはどのようなものか	38
Q19	消費者教育は環境教育とどう違いどのようにかかわるのか	40
Q20	消費者教育とESDとのつながりはどのようなものなのか	42
Q21	持続可能な消費はどうすれば実現ができるのか	44
Q22	消費者教育は福祉教育とどのようにかかわるのか	46
Q23	消費者教育は経済教育、金融教育、法教育とどのようにかかわるのか	48
Q24	消費者教育はキャリア教育とどのようにかかわるのか	50
Q25	情報化社会の進展の中で消費者はどうあるべきか	52
Q26	医療サービスと消費者教育にはどのようなつながりがあるのか	54
Q27	海外での消費者教育はどのようになっているのか	56
Q28	国際社会の中で消費者教育はどうあるべきか	58

消費者教育の体系イメージマップ……60

索引 ……62

Q1　消費者教育とは何か

　消費者教育とは、消費者が商品・サービスの選択・購入・消費などを通して消費生活の目標を達成するために必要な知識や態度を修得し、消費者の権利と責任を自覚しながら、個人として、また社会の構成員として自己実現していく能力を開発する教育である。消費者教育では、消費者が自らの消費生活に関する価値観やライフスタイルを、個人的にも社会的にも責任が負える形で選択できる力を養う。また、経済社会の仕組みや商品・サービスに関する知識や情報を活用し、トレード・オフの状態にある選択対象に対し批判的思考を働かせながら、主体的かつ合目的的に意思決定を行う態度を育む。

　2012年に制定された**消費者教育推進法**（Q4参照）では、消費者教育は「消費者の自立を支援するために行われる消費生活に関する教育（消費者が主体的に**消費者市民社会**の形成に参画することの重要性について理解及び関心を深めるための教育を含む。）及びこれに準ずる啓発活動」と定義されている。ここでいう消費者市民社会（Q5参照）とは、消費者が、自らの消費生活に関する行動が社会経済や地球環境に及ぼす影響を自覚し、公正で持続可能な社会の形成に積極的に参画する社会を意味している。すなわち、消費者教育は、消費生活に関する知識を自ら修得し情報を活用し、多様化する市場において、合理的かつ倫理的な消費行動ができる「自立した消費者」を育成することを意図している。

　近年では、情報化、国際化、少子高齢化などに伴う社会の構造的な変化や規制緩和が進行し、市場はますます複雑なものとなり、消費者と事業者の間の情報の質および量や交渉力の格差が拡大している。このため、消費者はしばしば合理的な意思決定をすることが困難となり、消費生活を通してさまざまな不利益を被ることも少なくない。消費者教育では、

このような消費者問題の未然防止と、消費者被害への迅速な対応・救済により、消費者のより豊かな生活を実現しようとしている。消費者教育はまた、多様な経済的・社会的環境のなかで適切な個人的意思決定ができる能力（**生活環境適応能力**）を育むだけでなく、市場参加や政策への意思反映など、社会的意思決定能力（**生活環境醸成能力**）の育成をも目指している。

このように、消費者教育は、消費生活に求められる**バイマンシップ**（buymanship：買い手として備えるべき能力・資質）のみならず、その国の経済の量と質の成長をもたらす経済的投票権を行使したり、さらには、他国の経済やその国民の生活の質の向上との調和を図るなど、世界的な視野にたった**シティズンシップ**（citizenship：市民として備えるべき能力・資質）をも涵養するものであり、人間としての生き方の教育ととらえることもできる。

*　　　*　　　*

[キーワード]
【意思決定】　意思決定とは、複数の対象・目標、問題解決方法等から、各自の価値体系、予測体系といった決定基準に基づいて、合目的的に選択し、決定していくプロセスである。消費生活は、意思決定の連続である。意思決定には、私的意思決定だけではなく、社会的意思決定も含まれる。

【批判的思考】　すぐれた意思決定には、批判的思考が欠かせない。その基本要素には、①無関心からの開放、②新しい可能性の追求、③多角的な視点、④偏見からの解放、⑤複眼的な視点、⑥主体的な判断等、消費者教育の基本にかかわる要素が含まれる。

【トレード・オフ】　二つの命題が、Aを選択するとBを諦めざるをえない、逆にBを選択するとAを諦めざるをえない、という両立しえない状態にあるとき、トレードーオフ（trade-off）の関係にある、という。消費者の意思決定では、批判的思考に基づきトレード・オフの状態を適切に解消することをめざす。

Q2　消費者教育の目的とは何か

　消費者教育の目的は、消費者としての人間形成を促すことである。その結果、消費者は社会的役割をも担うことができるようになる。そもそも教育とは、主体的な心を持ち活動している人間に、価値の受容能力をつけることによって、環境からの情報を自己の内的世界に適切な形で位置づけ、新たな自己形成・自己創造の価値基盤をつくる手助けをすることを目指している。したがって教育の一つである消費者教育は、消費者問題を題材として、人間の発達プロセスに即し、主体性を生み出す内的世界に変化を及ぼす教育を目指す。人間が主体性を持つということは、自立、自律的であることを意味する。自立、自律的であれば、自分なりの考え方を持ち、合理的・論理的な思考に基づいて消費行動をとることができる。また、意思決定をする際、必要な消費者情報をできるだけ多く収集し的確に処理できる。

　このように**主体形成**された消費者は、単に個々の消費者としての能力を持つだけでなく、他の消費者と協力して行動できるはずである。それは、事業者と消費者間のバランスを保つ経済社会の確立への貢献を意味する。また、消費者の行動が社会や環境に対してどのような影響を与えるかを理解し、行動することができるようになる。そしてこのような能力を有する消費者は、市民社会における消費者として、社会的役割を担うことができるようになる。

　消費者教育の社会的役割は時代とともに変化する。消費者教育の社会的役割は、生活を取り巻く問題にいかに適応して行動するかという生活環境適応型の消費者教育から、消費者の立場にたって商品やサービスをあるべきものに作り変えていかねばならないという生活環境醸成型の消費者教育に変化してきた。さらに近年では、持続可能な社会の実現のた

めに、消費者教育を実践していくことが、主体性を自己形成した消費者に対する働きかけとして重要であると認識されるようになってきている(**消費者市民社会**の構築)。このような変化は、ともすれば消費者教育の目的が変化してきたと捉えられがちであるが、消費者の主体形成を手助けする消費者教育の目的は、社会や環境が変化しても変わるものではない。消費者教育に対する社会情勢に応じた社会のニーズが変遷してきたことの現われと捉える必要があろう。

＊　　　＊　　　＊

［キーワード］
【教育】　教育とは、人間の発達の特質を発展形成させる意図的な人間間の関わり、働きである。人間を真の理想的な人間たらしめる働きであり、個性の開花・人間形成に寄与し、人間の発達を意図的に導き、価値の受容能力・自己創造の基盤をつくる。

【人間の発達プロセス】　発達は、①主体が環境から多様な価値を吸収し、自己の内面世界を創造、②主体が課題を果たすために環境や自分自身に働きかけ、自己を創造、③主体が環境から価値を吸収し理解し順応しながら、さらに自らの意志によって環境に働きかけ自己を創造するプロセスからなる。

【内的世界】　内的世界が、人間にとって有利な方向に、大きく変化するのが人間の発達である。そしてその発達に大きく寄与するのが教育である。教育は、内的世界の変化を促すものでなければならない。教育は情報の一つであることから、どのような情報を提供するかによって内的世界は変化するため、豊かな内的世界を創造するには、情報を提供する環境が豊かでなければならない。そのようにして作られた内的世界は、人間のありかた、方向を決定づける。(杉原利治、『21世紀の情報とライフスタイル』)

【主体性の形成】　主体性の形成には様々な能力が必要である。情報判断力、意思決定能力、実践力等である。人間の発達プロセスに応じて、それぞれの能力を段階的に取得していくことも消費者の主体性形成にとって重要である。

Q3 消費者教育は消費者の権利・責任とどのようにかかわるのか

　消費者基本法（2004年）において、それまで「保護の対象」と位置づけられた消費者は「権利の主体」とされ、消費生活の基本的な需要がみたされ、健全な生活環境が確保される中で、①消費者の安全が確保され、②商品及び役務について消費者の自主的かつ合理的な選択の機会が確保され、③消費者に対し必要な情報及び④教育の機会が提供され、⑤消費者の意見が消費者政策に反映され、⑥消費者に被害が生じた場合には適切かつ迅速に救済されることを、**消費者の権利**として位置づけている。

　消費者基本法の特徴のひとつは、この「消費者の権利の尊重」とともに、「消費者の自立の支援」が消費者政策の基本とされている点にある。消費者と事業者との間にある構造的格差の拡大とともに消費者被害は増加しており、両者の間の格差が是正されなければ、消費者は自立した生活を営むことはできない。そのために、国、地方公共団体、事業者は、消費者の権利を尊重し、消費者の利益の擁護と増進のための責務を負っている。一方、消費者が自主的・合理的に行動できるよう自立を支援するためには、消費者教育が重要となる。また、消費者団体の国際組織である**国際消費者機構**（CI）は、消費者の権利とともに消費者としての責任を提起しているが、消費者として、自らの消費生活に関する行動が、現在及び将来の世代にわたって内外の社会経済情勢及び地球環境に影響を及ぼし得るものであることを自覚し、公正かつ持続可能な社会の形成に参画し、その発展に寄与する役割も期待されるようになった。2012年に成立した**消費者教育推進法**では、消費者教育は「消費者が主体的に**消費者市民社会**の形成に参画することの重要性について理解及び関心を深めるための教育を含む」と明記されている。

　消費者基本法では、消費者は、「自ら進んで、その消費生活に関して、

必要な知識を修得し、及び必要な情報を収集する等自主的かつ合理的に行動するよう努めなければならない」ことや、「消費生活に関し環境の保全及び知的財産権などの適正な保護に配慮するよう努めなければならない」（第7条）ことが示されている。このような自立した消費者を育成するためには、生涯にわたって消費生活について学習する機会が提供される必要があり、国及び地方公共団体には消費者教育を充実させる施策を講ずることが求められる。情報収集や学習の積み重ねを具体的な消費行動に反映させるなど、積極的に権利主体として行動できる力を育成するために、消費者教育は不可欠である。

＊　　　＊　　　＊

[キーワード]
【消費者の権利】　米国大統領による「消費者利益に関する特別教書」（1962年）では①安全である権利、②知らされる権利、③選択できる権利、④意見が聞かれる権利、⑤消費者教育を受ける権利（1975年に追加）が示された。またCIは、①生存するために、必要な基本的な物とサービスを得る権利、②安全の権利、③情報を受ける権利、④選択できる権利、⑤意見を反映される権利、（政策決定・遂行に消費者利益の代表が含まれる）⑥損害に対する補償または救済措置を享受する権利、⑦消費者教育を享受する権利、⑧健全な環境を享受する権利をあげている。

【消費者の責任】　CIは、前述の「権利」とともに次の「責任」を挙げている。①商品・サービスの用途・価格・品質等について「批判的な意識をもつ消費者となる責任」、②公正な取引が実現されるように「行動する責任」、③自らの消費行動が他者に与える影響を考慮に入れる「社会的関心をもつ責任」、④自らの消費行動の結果が環境に与える影響を理解する「環境への自覚の責任」、⑤「消費者として団結し、連帯する責任」である。2015年9月には、国連持続可能な開発サミットにおいて、「**持続可能な開発目標（SDGs）**」が全会一致で採択された。その内容は、加盟各国が2030年までに実現すべき17の目標と169のターゲットとして示され、第12には、「持続可能な消費と生産パターンの実現」として、消費者は、持続可能な開発のために適切な情報を得、配慮することにより、自然と調和したライフスタイルを実践することを掲げている。

Q4　消費者教育推進法の意義や役割はどのようなものか

　消費者教育推進法（正式名称は「消費者教育の推進に関する法律」）は2012年8月に成立、12月13日に施行された法律。「消費者被害を防止する」とともに、消費者が「自主的かつ合理的に行動できるよう自立を支援する」ことを目的とし、「消費者教育の機会が提供されることが消費者の権利である」（推進法1条）と定めた意義は大きい。また、同時に「国は（中略）消費者教育の推進に関する総合的な施策を策定し、及び実施する責務を有する」（同4条1項）とし、「地方公共団体は（中略）消費者教育の推進に関し、‥区域の社会的、経済的状況に応じた施策を策定し、及び実施する責務を有する」（同5条）と、国および地方公共団体が消費者教育の推進に関わる施策を立案し、実施する責任があることを明確にしたものである。

　法制定の背景としては、度重なる食品偽装事件や食の安全を巡る問題の顕在化などにより、消費者の安全・安心を目指す社会づくりの機運が強まり、一方、各省庁にまたがっていた消費者行政を一元化しようと消費者庁創設の動きが活発になるにつれ、消費者自身の学習機会確保を求める世論も高まったことが挙げられる。また、**OECDや国連環境計画**（UNEP）がすすめる持続可能な社会構築が、国の政策課題として、**消費者基本計画**にも盛り込まれ、消費者自らも積極的に参画する必要が求められるようになってきたこともある。2008年秋にはOECD国連環境計画（UNEP）等による持続可能な消費をテーマに消費者教育合同国際会議が開催され、**消費者市民社会**の形成が共通課題であることが確認された。そうした中、本法は消費者団体や日弁連ならびに本学会等による法制定への要請もあって、議員立法によって成立した。

　推進法では、「消費者教育」、ならびにその目指す社会像としての「消

費者市民社会」を定義している。消費者教育を「消費者の自立を支援するために行われる消費生活に関する教育（消費者が主体的に消費者市民社会の形成に参画することの重要性について理解及び関心を高めるための教育を含む）」（2条1項）とし、消費者市民社会を「自らの消費生活に関する行動が現在及び将来の世代にわたって内外の社会経済情勢及び地球環境に影響を及ぼし得るものであることを自覚して、公正かつ持続可能な社会の形成に積極的に参画する社会」と定義した（2条2項）ことは、消費者教育の本質を明確に示すものとして高く評価される。また、消費者教育が対象とする具体的な内容を、より理解されやすい形で表現したものが**消費者教育の体系イメージマップ**であり、学校教育や消費者行政を中心に広く活用されている。

＊　　＊　　＊

[キーワード]

【消費者教育推進会議】　推進法19条に規定する政府の審議会であり、消費者教育推進に関する施策全般の検討や情報交換を行う重要な役割を担っている。委員の任期は2年。第1期（2013年6月に設置）では消費者市民育成、情報利用促進、地域連携推進の3小委員会を置き、15年3月に「取りまとめ」を、第2期では、16年4月に「学校における消費者教育の充実に向けて」を公表している。

【消費者教育推進の基本方針】　推進法9条で定められた国の消費者教育推進の基本方針であり、内閣総理大臣および文部科学大臣により発議され、消費者教育推進会議および消費者委員会に意見を求め閣議決定される。5年ごとに見直される。第1次が2013～17年度、第2次が2018～22年度となる。

【消費者教育推進計画】　地方公共団体が消費者教育に関する施策を進めるにあたり立案する計画で、推進法10条が定めている。その内容については、政府の「消費者教育推進の基本方針」を踏まえ、都道府県、市町村が地域の消費者および関係者の意見を反映させる措置を求めている。

Q5　消費者市民社会とはどのような社会なのか

　日常生活は、消費者としての様々な行動で成り立っている。私たちは私的な個人としての**消費者**であると同時に、社会に対して責任と権利を有する**市民**でもある。

　消費者市民社会とは、消費者一人ひとりが、将来世代の社会情勢や地球環境にまで思いを馳せて生活し、自らの消費行動を通して社会の改善と発展に積極的に参画する社会である。消費者教育の推進に関する法律の中で、消費者教育の理念としてこの消費者市民社会の形成を明確に位置づけ、消費者市民社会の定義づけがなされた（Q4参照）。

　消費者市民の原語である**コンシューマー・シティズンシップ・ネットワーク（CCN）**では、「個人が消費者としての役割において、倫理的問題、多様な見方、地球的プロセス、将来の状況を考慮して社会の発展と維持に積極的に参加することである。コンシューマー・シティズンシップは、個人が自身のニーズや幸福を求めるのに、国際的な地域、国家、地元地域、家族の規模と同様に地球規模で責任を負うことを含む」と定義している（2003）。日本では、国民生活白書のタイトルに消費者市民社会の語が使用された2008年頃から消費者市民社会について議論されるようになった。『国民生活白書 平成20年版』のタイトルは、「消費者市民社会への展望―ゆとりと成熟した社会構築に向けて―」であり、白書では成熟した社会を形成するためには、豊かな消費生活を送る消費者だけでなく、ゆとりのある生活を送る市民としての生活者の立場も重要で、一人ひとりがそれぞれの幸せを追求し、その生活を充実したゆとりのあるものにできる社会を目指すために、消費者市民社会への転換が必要であるとしている。

　つまり消費者には、消費生活の豊かさのみの追求ではなく、社会的責

任とのバランスを取った市民としての消費行動、さらには市場や社会を創造・変革する市民として活躍することが期待されている。

このような社会の形成を目指す教育は、被害に遭いにくい消費者を育て、加害者を生み出しにくくすることにもつながっている。ひいては、個人が消費者被害に遭うか遭わないかではなく、社会全体から消費者被害をなくし、誰もが安心して暮らせる成熟社会の創造を視野に入れたい。

一人ひとりが個人と公共圏の相互関係性を重視した、社会性を帯びた消費者市民として、**公正かつ持続可能な社会**の形成に積極的に参画することが求められている。

＊　　＊　　＊

[キーワード]

【コンシューマー・シティズンの由来】 コンシューマー・シティズンの概念はグローバル化の中で、1990年頃から欧米で育まれた。『国連人間開発報告書—消費パターンと人間開発—(1998)』は「持続可能な消費パターンと貧困の緩和に向けて」や「社会的責任のある買い物」を論点にかかげフェアトレード運動の広がりなどを指摘したが、2002年にノルウェーで開催された『消費者教育と教師教育』と題する第1回会議において、カナダのマクレガーは基調講演の中で「良識ある市民は、社会の利益や将来の世代、エコシステムとのバランスにおいて自己の利益を考え消費の役割を果たす」として参加型消費者主義を提唱し、コンシューマー・シティズンの概念の定立を主導したとされている。

【エシカル消費】 エシカル消費('ethical' は「倫理的な」の意)とは、環境や人、社会、地域に配慮された消費を指し、エコ、ロハス、フェアトレード(Q28参照)、社会的弱者への支援につながるチャリティ消費、地産地消などがその具体とされる。

エシカルな消費行動は、貧困問題や人権問題、気候変動など世界で起こっている深刻な問題を消費者として解決する一つの手段であり、**倫理的消費**とも呼ばれる。これは「責任ある消費者」の自覚の表れということもできる。

Q6　消費者教育はどのように発展してきたのか

　消費者教育の源流はアメリカにあり、1800年代末に生成したホーム・エコノミクスを母体に、消費者の健康・安全を守るための教育・研究として発展してきた。1924年にはすでに、ハラップ（H. Harap）の先駆的著書『消費者の教育』が刊行されたが、わが国に消費者教育が導入されたのは、第2次世界大戦後である。

　戦後日本の消費者教育は、多様な新商品の開発・普及に伴い消費者問題が顕在化してきた高度経済成長期に、消費者に知識を与え、購買行動に起因する被害や不利益から消費者を保護するための教育としてスタートした。1958年には、**日本生産性本部**（2010年より公益財団法人）に消費者教育委員会が設置され、これが**日本消費者協会**（2013年より一般財団法人）となって消費者教育・啓発を担う機関となった。また、1968年に制定された消費者保護基本法では、消費者教育推進に関する国の責任が明らかとなった。このころから、各自治体に消費生活センターが設立され、地域の消費者教育の拠点が形成されるとともに、国レベルでは、1970年に**国民生活センター**（2003年より独立行政法人）が発足し、消費者問題に関する相談や情報収集・提供と併せて、消費者教育を担うことになった。

　一方、1980年には、企業の消費者対応部門の横断的組織として**ACAP**（エイキャップ）（消費者関連専門家会議、2012年より公益社団法人）が発足し、1981年には、行政、消費者（団体）、企業、教育者の協力の下、消費者教育を専門的・組織的に研究する**日本消費者教育学会**が設立された。学校教育においても、1989年改訂学習指導要領より、社会科、家庭科に消費者教育が組み入れられるようになった。1990年には、経済企画庁と文部省の共管で**消費者教育支援センター**（2012年より公益財団法人）が設立され、消費者教育の普及・啓発、教材開発、調

査研究などを担う専門機関となった。

やがて21世紀型の消費者政策が展開されるようになると、消費者教育も新しいステージを迎えた。2004年に消費者保護基本法が消費者基本法に改正されると、消費者教育は消費者の権利の一つに位置づけられ、以後、消費者の自立を支援するための消費者教育が推進されるようになった。また、2009年に創設した消費者庁は、消費者教育についても司令塔機能を果たすこととなり、2012年には、**消費者教育推進法**が制定されるに至った。これにより、消費者教育は、政策的課題として明確に位置づけられ、その新たな方向性として、消費者の主体的な行動が環境問題や社会問題を改善する**消費者市民社会**の形成に寄与すべきことが共通認識された。今後、消費者教育は、経済、金融、安全、環境、平和、福祉など多様な分野の教育と一層連携を深めながら、持続可能な社会の形成に向けて発展していくことが期待されている。

* * *

[キーワード]
【ホーム・エコノミクスと消費者教育】 1800年代後半、アメリカでは、産業化に伴い人々の生命や生活を脅かす悪質な商品が次々と市場に現れるなかで、リチャーズ (E. H. Richards) が「生活環境の改善、醸成の科学」の必要性を示唆し、優境学 (Ethenics) としてのホーム・エコノミクスを提唱した。以来、消費者教育は、ホーム・エコノミクスとともに発展してきた。

【日本消費者教育学会】 1981年に創立された日本消費者教育学会では、生涯教育としての消費者教育の確立を目指し、研究活動を推進している。毎年、全国大会(研究発表大会)を開催するとともに、学術誌『消費者教育』及び『会報』を刊行し、消費者教育に関するさまざまな研究成果や取組を発表している。

【消費者教育支援センター】 消費者教育支援センターは、1990年の設立以来、消費者教育の専門機関として、わが国の消費者教育を恒常的・総合的に支援している。主な活動は①消費者教育に関する調査研究・教材作成、②消費者教育に関する情報収集・提供、セミナー等の企画・運営、講師派遣、消費者教育教材資料の表彰などである。

Q7　消費者教育の場としての学校・地域・家庭・職域はどのように展開が可能か

　消費者基本法17条において、「国は、消費者の自立を支援するため、（中略）消費者が生涯にわたって消費生活について学習する機会があまねく求められている状況にかんがみ、学校、地域、家庭、職域その他の様々な場を通じて消費生活に関する教育を充実する等必要な施策を講ずるものとする。」としている。また、**消費者教育推進法**3条においては「消費者教育は、学校、地域、家庭、職域その他の様々な場の特性に応じた適切な方法により、かつ、それぞれの場における消費者教育を推進する多様な主体の連携及び他の消費者政策（消費者の利益の擁護及び増進に関する総合的な施策をいう。）との有機的な連携を確保しつつ、効果的に行われなければならない。」としている。これらは、消費者教育の推進体制を強化し、生涯を通じて消費者教育を受けられる機会を確保し、その充実を図る必要性があることを示しているものである。

　学校、地域、家庭、職域における消費者教育は、教育の主体や対象が異なり、自ずと教育の内容や方法も異なる。学校における消費者教育は、生涯教育の中で最も基本的な消費者教育の機会であり、一般教育としてすべての国民が等しく教育を受ける機会を持つことができる。統合方式で消費者教育を行っているわが国では、消費者教育を体系的、継続的に行うためには、カリキュラムの検討、授業時間の確保、消費者教育の指導者の養成など、消費者教育の充実に向けての取り組みが必要である。地域においては、**消費生活センター**を中心とした地方公共団体、消費者団体やNPO等の民間の組織が消費者教育を行っているが、教育の対象者の年齢や学歴、キャリアなどの幅が広く、消費者教育に関心が高い人に参加者が限定されるなどの課題も多く、消費者教育の内容や方法に一層の工夫が求められる。また地域においては高齢者や障害者等に対する

消費者教育が適切に行われるように、その担い手と場の確保も求められている。家庭における消費者教育においては、親から子へ消費者としての基礎的な生活の価値や行動様式を学ばせることになるが、そのあり様は各家庭により異なっており、まずは消費者としての親の自覚や自立が求められることになる。職域における消費者教育は、従業者に対する研修や講習会等を通して、従業者自身が消費生活に関する知識や理解を深めるだけでなく、**企業倫理やCSR（企業の社会的責任）**についての意識を涵養するために行われる。これは企業経営の永続性の面からも、また事業者としての消費者対応や情報等の提供に際しても有意義なものとなる。

　学校、地域、家庭、職域における消費者教育は、それぞれに特徴と限界があるので、連携しながら補完的に、またそれぞれの場に応じて最良の方法で最適な内容を学習することが望ましい。学校、地域、家庭、職域が有機的・一体的に消費者教育を展開していくためには、行政が中心となってコーディネートの役割を担うことが期待される。

＊　　　＊　　　＊

[キーワード]
【消費者教育の担い手の強化】　消費者教育の担い手には、教員、消費生活相談員、消費者行政担当職員、地域で育成された市民（消費者教育アドバイザー等）などが存在する。発達段階の早期からの消費者教育が求められる中で、教員の力に負うところは大きく、大学教員養成課程でのカリキュラムの充実・強化は欠かせない。
【社会教育としての消費者教育】　消費者教育を受ける対象を広げるための方法として、「集める」タイプの消費者教育だけでなく、教育の機会を得にくい消費者に対して「届ける」タイプの消費者教育が必要とされている。さらに「届ける」タイプの消費者教育さえも実施が困難な場合、「見守る」ための消費者教育が必要である。消費者が生涯にわたって消費生活について学習する機会を確保するためには、学校教育終了後の長い期間における消費者教育の場としての社会教育の果たす役割は大きい。

Q8 生涯学習としての消費者教育の内容はどのようなものか

　消費者基本法第17条では、消費者が生涯にわたって消費生活について学習する機会が求められている状況にあるとし、学校、地域、家庭、職域その他様々な場を通じて、消費生活に関する教育を充実させることを国に求めている。**消費者教育推進法**では、その意義が一層明確になった。したがって、**生涯学習**としての消費者教育を実現させ、消費者の自立を支援するためには、ライフステージごとに、発達段階にそった適切な学習機会が提供されなければならない。消費者庁による**消費者教育の体系イメージマップ**に提示された目標は、生涯学習としての消費者教育を概観する上で有意義である。

　幼少期は、家庭を中心に親や身近な大人から消費者教育を受ける。物を大切に最後まで安全に使うこと、約束やルールは守る必要があること、お金の意味を理解すること、物事を決めるときによく考えることなどを、基本的な生活習慣や価値観を身につける過程で学ばせたい。また、コミュニケーションスキルの基礎、すなわち身近な人と関わりを持ち、自分の考えを伝え、他者の話を聞くことを身につけさせたい。

　青少年期は、家庭・学校が消費者教育の場の中心になる。行動範囲や人間関係が拡大し、社会的なルールや習慣を理解し、やがては親から自立できる能力を身につけ、ライフスタイルを創造する価値を形成する。年齢とともに、契約の主体者になることも多くなる。携帯電話やスマートフォン、タブレットPCなどの普及により、インターネットを介した消費者トラブルの被害者になることも少なくない。したがって、合理的な意思決定のベースとなる**批判的思考**のスキルを身につけ、消費者の権利と責任を理解し、倫理観に基づく市民意識の基礎を養う。また、長期的な資金計画に基づくリスク・マネジメントや生活設計、契約概念の基

礎、環境に配慮した持続可能なライフスタイルの意義を理解することも重要である。

　成人・高齢期は、学校消費者教育で学んだ理念を基盤にした消費者教育が、家庭、地域、職域において展開される。この時期は、消費者市民として自立し、生活経営能力や生活資源の管理能力を身につける。消費者トラブルの防止と適切な対処、契約主体として消費者の権利を行使するとともに責任を果たし、社会的課題を主張する市民として行動できるようにしたい。また、個人情報の管理や情報リテラシー、知的財産権の保護などにも、関心を持ちたい。「市民講師」としての活躍も期待される。

　特に高齢期は、心身の機能低下に伴う生活状況の変化への対応が課題となる。必要に応じて他者の支援を受けながら、合理的に**意思決定**できるようにしたい。

＊　　＊　　＊

[キーワード]
【生涯学習・生涯教育】　生涯学習は、人間が生涯にわたって行う主体的な学習活動全般を意味しており、生涯教育は、それを支援するシステム体制や教育制度における理念を指す。1965年、ユネスコの第3回成人教育推進国際委員会において、ポール・ラングラン（Paul Lengrand）が初めて生涯を通しての教育の必要性を提唱した。日本では、1990年に「生涯学習振興整備法」が誕生し、地方自治体に生涯学習センター等が設置され、行政主導による学習機会提供型の社会教育が推進された。

【市民講師】　地域における消費者教育は、消費生活センターが主体となって実施されることが多い。参加者を集める講座だけでなく、講師を派遣することによって、必要な消費者情報を必要な人々に積極的に届ける努力がなされている。一定の講座を受講した意識の高い市民を「市民講師」として育成するプログラムも展開されている。市民講師は、地域における消費者教育の担い手として期待されており、行政担当者と連携しながら出前講座の充実に貢献している。

Q9 消費者教育の体系イメージマップとはどのようなものか

　消費者教育の体系イメージマップ（以下、「イメージマップ」と表記するP60.61参照）は、どのような時期に、どのような消費者教育の内容を身に付けていくことが必要かを結びつけて示した表であり、消費者教育の体系が一覧できることを目指して作成されたものである。消費者教育推進のための体系的プログラム研究会において検討され、2013年1月に消費者庁から、活用ガイドと共に公表された。

　消費者教育推進法では、消費者教育は、幼児期から高齢期までの各段階に応じて体系的に行われると述べている（第3条）。多様な消費者教育の担い手は、イメージマップから、どの時期にどのような内容を行えばよいか、共通認識を得ることができる。

　イメージマップは、消費者教育の重点領域をタテ軸に、幼児期から高齢期までのライフステージをヨコ軸に配置し、その交わったボックスに教育内容（学習目標）を記している。重点領域の最上段には「消費者市民社会の構築」を掲げ、マップ全体を通じた基本領域と位置づけている。ライフステージでは、生涯消費者として幼児期から成人期に至る全てのステージでの学びの重要性を示したものとされる。例えば消費生活センターの出前講座担当者が、中学校で消費者教育を行う場合は、ライフステージの中学生期の欄を見て、各重点領域の目標をめやすにして授業内容を検討していくことができる。中学校教員が、中学生期の前の小学生期の目標を見て、その能力が生徒の身についていないと思われる場合は、それを補う授業内容を考えることもできる。

　消費者庁の消費者教育に関する教材等の情報を提供する**消費者教育ポータルサイト**においても、イメージマップのライフステージと重点領域の組み合わせから検索ができるようになっている。消費者教育の担い

手が、イメージマップをめやすにして消費者教育を展開すると、生涯を通した体系的な消費者教育が可能となる。

イメージマップは、教育委員会や学校での活用をはじめとして、地方自治体においても消費者教育推進計画で活用するなど、地域の消費者教育支援施策の推進にも広く利用されるようになってきた。

第1期消費者教育推進会議の消費者市民育成小委員会では、イメージマップの重点領域の一つである「消費者市民社会の構築」を他の重点領域の基盤となる重要性を持つものとして掲げた。また、イメージマップに基づき、「消費者市民社会における消費者の行動（例）」や「消費者教育の担い手向けナビゲーション」などを提示した（『消費者教育推進会議取りまとめ』2015年3月公表）。

現在のイメージマップは、Ver.1.0と示されている。今後、検証を重ねて、さらに改良したイメージマップが作成されていくことであろう。

＊　　　＊　　　＊

[キーワード]

【消費者教育の重点領域】 イメージマップでは、消費者教育の重点領域として4領域「消費者市民社会の構築」、「商品等の安全」、「生活の管理と契約」、「情報とメディア」を設け、それらはさらに小領域に分かれている。例えば、消費者教育にとって最も重要な基盤となる「消費者市民社会の構築」は、3つの小領域「消費がもつ影響力の理解」、「持続可能な消費の実践」、「消費者の参画・協働」に分かれている。

【消費者教育ポータルサイト】 消費者教育ポータルサイトは、消費者教育に関する様々な情報を提供する消費者庁のサイトである。イメージマップでは、ライフステージは「幼児期」「小学生期」「中学生期」「高校生期」「成人期」に区分され、さらに「成人期」は、「特に若者」「成人一般」「特に高齢者」の3つに分かれている。消費者庁の消費者教育ポータルサイトでは、このライフステージと重点領域の組み合わせから、適切な教材、講座、取り組みを検索できる。

Q10　学校教育としての消費者教育の内容はどのようなものか

　学校教育としての消費者教育は、知識・技術の習得のみならず、自立した消費者市民としての価値形成や倫理観・シティズンシップの涵養、環境に配慮したライフスタイルの創造を目指している。消費者被害の低年齢化に対処するためにも重要であり、**消費者教育推進法**にも、その意義が明記されている。18歳成年年齢への移行が議論される中、学校消費者教育の充実は喫緊の課題であり、教科横断的・総合的な展開も求められている。

　学校消費者教育は1988年の**学習指導要領**から明確に位置づけられた。その後の改訂（小中：1998年、高：1999年告示）では、家庭科を軸に、社会科・公民科の一部に組み込まれた。**総合的な学習の時間**で扱うことも期待されたが、積極的な実践には至っていない。

　2008年（小中）、2009年（高）改訂の学習指導要領における消費者教育の内容として、小学校では「物や金銭の使い方と買物」（家庭）、中学校では、「販売方法の特徴や消費者保護・物資・サービスの適切な選択、購入及び活用」「環境に配慮した消費生活の工夫」（技術・家庭（家庭分野））、「経済活動の意義、金融の働き、社会における企業の役割と社会的責任等」（社会（公民的分野））、高校では、「消費行動における意思決定、家計管理と経済計画、消費者問題と消費者の保護、消費者の権利と責任、生活情報の収集・選択・活用、消費行動と資源・環境との関係等」（家庭総合）、「現代の経済社会と経済活動の在り方」（現代社会）が示されている。

　2016年現在、次期学習指導要領改訂に向けて、これまで以上に消費者教育の必要性が叫ばれており、高校の新科目**「公共」**には、関連する内容が含まれる見込みである。また、特別な教科として位置づけられた道

徳は公平・公正を軸に内容が検討されており、消費者教育に関連したテーマの扱いも期待される。

　学校は、**消費者市民**として身につけるべき消費生活能力を体系的に学ぶ場であり、すべての児童・生徒が平等に消費者教育を受ける機会を提供する場である。消費者教育を通して身につけた**意思決定スキル**や**批判的思考**、**メディアリテラシー**等は、様々な生活場面で活用できる。また、消費者行政や消費者団体、企業等と連携することで、それぞれの専門性を活かした学校消費者教育の展開が可能となる。

　一方で学校消費者教育は、「時間不足」「資料・教材不足」「教員の研修機会不足」「How to 中心」などの問題が指摘されている。大学の教員養成課程の中に必修科目として消費者教育を位置づけるとともに、教養科目の一環として展開する必要がある。

＊　　　＊　　　＊

[キーワード]

【教科横断的な消費者教育の展開】　2016年4月に消費者教育推進会議が公表した『学校における消費者教育の充実に向けて』では、学校消費者教育を合理的に実施する上で、教科横断的な展開を推奨している。教科・科目としては「家庭」や「社会」が中心的な役割を担うが、道徳や特別活動、総合的な学習の時間、学校行事はもちろんのこと、様々な教科・科目を相互に有機的に関連付けたり、総合的に扱ったりすることで、授業時間数の不足を補う効果も期待できる。また、環境教育、食育、国際理解教育、法教育、情報教育等への取組に対しても、消費者教育の理念や視点を導入することは可能である。

【特別の教科　道徳】　2015年告示の学習指導要領において、小中学校で「特別の教科　道徳」が教育課程に位置づけられた。小学校では2018年、中学校では2019年から施行され、従来どおり数値などによる評価は実施されない。自己(中学校では「人間として」)の生き方を考え、主体的な判断の下に行動し、自立した人間として他者と共によりよく生きるための基盤となる道徳性を養うことを目指している。

Q11　消費者教育の方法にはどのようなものがあるか

　消費者教育の方法は、消費者教育の目標を達成すること、つまり「学習者に付けたい力」を獲得させることのための手段である。消費者教育は、消費生活に関する知識を修得し、これを適切な行動に結びつけることができる実践的な能力を育むこと、消費者が消費者市民社会を構成する一員として主体的に消費者市民社会の形成に参画しその発展に寄与することができるようにすることを旨として行わなければならない（**消費者教育推進法**第3条第1項及び第2項）とあり、これらの力を獲得させる手段が消費者教育の方法となる。

　さらに、年齢、障害の有無その他の消費者の特性に配慮した適切な方法で、学校、地域、家庭、職域その他の様々な場の特性に応じた適切な方法で消費者教育は行われなければならない（同法第3条第3項及び第4項）とある。適切な方法かどうかは、実施した教育方法の評価・検討を行うことで判断でき、それに基づき工夫・改善を行う。つまり、学習指導と学習評価のPDCAサイクル（Plan：計画、Do：実施、Check：評価・検討、Action：改善）を繰り返しながら、消費者教育を展開することが必要となる。

　消費者教育の方法としては、知識伝達型の講義方式による指導法があるが、批判的思考力や意思決定力を養うために有効であるとして、体験方式による指導法が1970年代から推奨されてきた。よく使われている手法としては、ロール・プレイングやケース・スタディ、ディベート、シミュレーション、ブレインストーミング、ランキングなどがある。いわゆる**参加・体験型学習**の手法となる。

　学習者主体の学びを目指すことが重要である。指導者主体の講義による知識伝達では、知識の修得はできても、主体的に考え、判断し、行動する意欲を学習者にもたせることは容易ではない。消費者教育では、学習者が主体的に知識を活用しながら問題解決に向けて考える、協同して学び合い消費者市民社会に参画する意識を高める、自分の消費行動を見

直し行動を変容することなどが求められる。知識の修得のみではない、意識・行動変容に迫る学習になるため、参加・体験型学習の手法が用いられる**ワークショップ**などの導入を計画していきたい。そのため、消費者教育の指導者には、ファシリテーター（促進者）としての役割やそのスキルも必要となる。

　近年では、**アクティブ・ラーニング**という用語が頻繁に使われるようになった。能動的な学びを指し、説明概念としては新しいものであるが、用いられる教育手法などは、従来から行なわれてきたものである。アクティブ・ラーニングを導入して、学習者が得た知識を活用して問題解決に到達できるようなディープ・ラーニング（深い学び）を引き起こすことが重要とされており、学びの質が問われている。消費者教育においてもさまざまな方法を用いることで、学びの質を高めるようにしていきたい。

＊　　＊　　＊

[キーワード]
【ロール・プレイング】　ロールは役割、プレイングは演技の意で、場面を設定して特定の役割を演技させる方法である。悪質業者と消費者のシナリオなどの教材が出されており、授業などで行われることも多い。重要なのは、学習者がその役割になって行動することで、他者の立場になって考えたり感じたり、相手との関係性や自分の心の動きを発見したりする気づきである。そのため、演技遂行のみを重視するのではなく、終わったあとの振り返りが重要となる。
参加・体験型学習のさまざまな手法があるが、どのような学習目標の達成のために用いるのか留意して導入すること。

【アクティブ・ラーニング】　2012年の中央教育審議会の定義では、「教員による一方向的な講義形式の教育とは異なり、学修者の能動的な学修への参加を取り入れた教授・学習法の総称」とされている。一般的な用語の「学習」ではなく「学修」が用いられているのは、アクティブ・ラーニングが大学教育から入ってきたものだからである。伝統的な講義中心の授業では学生が興味を持ちにくく、能動的な学びへの転換が必要ということで、アクティブ・ラーニングが推奨され、大学の授業改革が求められている。さらに、主体的な学習態度を身に付けるためには、高校までの教育も重要になるということで、アクティブ・ラーニングの考え方は教育全体に拡大している。

Q12　消費者政策と消費者教育はどのようにかかわるのか

　消費者政策は、消費者の自立を支援するための政策の重要な柱として、消費者教育の推進を掲げており、消費者に対して多様な学習機会を提供する各種の事業を展開するとともに、消費者教育の推進のために必要な環境の整備を進めている。

　消費者の保護から消費者の自立支援へと政策の重点を転換した**消費者基本法**は、基本理念（同法第3条）のなかで消費者教育を受ける権利を明示し、基本理念の実現のため国や自治体・事業者・消費者が果たすべき役割を規定した。消費者に対しては「消費者は、自ら進んで、その消費生活に関して、必要な知識を修得し、及び必要な情報を収集する等自主的かつ合理的に行動するよう努めなければならない」（第7条第1項）とし、国や自治体に対しては「消費生活に関する知識の普及及び情報の提供等消費者に対する啓発活動を推進するとともに、消費者が生涯にわたって消費生活について学習する機会があまねく求められている状況にかんがみ、学校、地域、家庭、職域その他の様々な場を通じて消費生活に関する教育を充実する等必要な施策を講ずる」（第17条）ことを求めている。

　さらに**消費者教育推進法**が制定され、消費者被害を防止するとともに、「消費者が自らの利益の擁護及び増進のため自主的かつ合理的に行動することができるようその自立を支援する」ことが消費者教育において重要であると述べている（第1条）。本法により消費者教育の更なる推進が図れることが期待されるが、消費者問題自体が時代とともに変化を遂げていること、その発生領域が広範囲であることから、絶えず、その教育内容の変更、検証を余儀なくされることであろう。

　これまで、国や自治体の消費者政策部局、**消費生活センター**など中心となって、各種の消費者教育事業（消費生活講座、若者講座、高齢者講

座、消費者リーダー研修、学校・地域・職場への出前講座など）を実施してきたが、消費者教育推進法の制定とともに、学校・地域・家庭・職域などにおける消費者教育の担い手の相互連携に向けた仕組みづくり、消費者の多様な属性に対応した学習（教育）機会が提供できるような環境の整備などがさらに進み、すべての消費者に生涯にわたる学習を保障するための諸政策の展開が求められている。

　新しい消費者政策は、消費者の自立が経済社会の根幹を支える市場の健全な形成のために不可欠であるとの認識に立ち、消費者が望ましい市場を創造するとともに市場のあり方を監視し、消費者政策のあり方の決定に参画することを期待している。

　最後に、消費者教育によって**自立した消費者**を育成することが、規制行政の不備の免罪符となってはならないことを指摘しておきたい。商品やサービスの仕組みが高度・複雑化し、ブラックボックス化された現代社会で、消費者の自立、自己責任の名において、選択の結果の責任を消費者個人のみに押し付けることは許されない。

＊　　＊　　＊

[キーワード]
【**消費者基本法**】　1968年に制定された消費者保護基本法が2004年に改正され、消費者基本法となった。法改正によって２条の「基本理念」のなかで、はじめて消費者の権利について言及された。その権利を尊重し、消費者の自立を支援することが消費者政策の基本であると定めている。
消費者政策の基本法であるが、消費者の具体的な法的権利については定めておらず、理念としての権利を定め、その権利擁護が国等にあることを定めたプログラム規定（あるいは訓示規定）とされる法律である。

【**規制行政**】　消費者問題は「消費者と事業者との間の情報の質及び量並びに交渉力等の格差」（消費者基本法１条）があることで生じる。したがって、行政はその格差を是正させることで問題解決を図る必要がある。事業者の事業を許可制にしたり、活動を規制するための行政を規制行政という。一方、弱い立場にある消費者への情報提供や消費者教育、紛争解決のための事業者との交渉の仲立ち等をする行政を支援行政という。

Q13　国民生活センター・消費生活センターはどのような役割があるか

　国民生活センターは、1968年に**消費者保護基本法**が制定された後、1970年に特殊法人として設置された。設置当初の主な業務としては、テレビやラジオ番組、雑誌による情報提供や調査研究、消費生活相談受付、行政職員研修、商品比較テスト、相談員養成、地方の**消費生活センター**に対する支援等、国の消費者行政の実施部門を受け持っていた。1980年代に入ると、相模原に商品テスト・研修施設が作られるとともに、全国消費生活情報ネットワーク・システム **PIO-NET**（パイオネット）の運用を開始した。2002年に独立行政法人となり、今日に至っている。

　現在の国民生活センターは、主に教育研修、相談業務と商品テストを行っている。全国の行政職員等の教育研修も担っていることもあって、消費者教育について具体的に学ぶ講座を企画・実施しているだけではなく、「国民生活」などの雑誌を通じて、消費者教育に関する情報提供も行っている。

　一方、消費生活センターは、現在、**消費者安全法**に基づく地方公共団体の施設である。長年にわたって、法令上の規定はなかったのだが、その歴史は50年前に遡る。もともとは、1965年に兵庫県が全国に先んじて開設した生活科学センターがその原型であり、全国的には1969年「消費生活センター運営要領」等を契機に開設が進められていった。「運営要領」によると、センターの主要業務は消費生活に関する相談および苦情の処理、商品テスト、商品知識を普及するための展示であった。しかし現実は、センターの主要な業務として、相談情報の蓄積を活かした被害の未然防止という観点から、公開講座や出前講座、初期には移動消費生活センターなどの事業も実施されていた。但し、この時期には学校における消費者教育に対して、積極的に関わることのできたセンターは少

ない。

　2012年には、**消費者教育推進法**が制定され、その基本方針が示された。そこで消費生活センターは、消費者教育の拠点としての役割が期待されている。「地域住民に消費者教育を提供する場として、また、消費者教育の担い手を支援する場」として、そして学校における消費者教育の推進に対しても積極的に取り組むことが求められている。このような新しい課題に対応するために、現在、**消費者教育コーディネーター**の配置など消費者教育担当職員の増員や教材の開発、講座の充実、そのための財源の確保などが喫緊の課題となっている。

＊　　＊　　＊

[キーワード]
【全国消費生活情報ネットワーク・システム（PIO-NET）】　国民生活センターのサイトによると（http://www.kokusen.go.jp/pionet/）、国民生活センターと全国の消費生活センターをネットワークで結び、消費者から消費生活センターに寄せられる消費生活に関する苦情相談情報（消費生活相談情報）の収集を行っているシステムである。2016年4月1日現在、消費生活センター配備箇所数　785箇所、配備台数　3,262台である。各地の消費生活センターは、情報を提供するだけでなく、蓄積された情報を検索することもできるので、相談対応の支援にもなっている。

【消費者相談資格の国家資格化】　2014年の消費者安全法の改正により、消費生活相談員資格試験制度が国家資格化（法定化）され、消費生活相談員は資格試験の合格者等から任用することとなった。消費生活相談員資格試験については、現状では国民生活センターが実施している消費生活専門相談員と日本産業協会が実施している消費生活アドバイザーが「登録試験機関制度」の要件を満たす資格として、位置づけられている。その職務内容をみると、現在、消費生活センターの消費者教育の拠点化を求められている中で、相談員には、これまで以上に、消費者教育の担い手としての側面が強く期待されている。

Q14　消費者教育は消費者啓発・情報提供とどのようにかかわるのか

　消費者問題発生の要因の一つとして、消費者と事業者間の情報の量・質の差が挙げられる。この差を埋めるため啓発の一環として、消費者行政や企業、業界団体から、商品・サービスに係る情報が提供されている。この啓発と教育には、その最終の目的に差がある。

　消費者啓発の目的は、事業者が消費生活の健全な運営に必要な知識を与え、消費者の自己啓発を促すことや、行政等が新たなトラブル事例などの情報を提供し、市民の被害を防止したり消費者政策への意識を喚起したりすること等が挙げられる。具体的な方策として情報パンフレットの配布、商品情報の提供を目的とした出前講座、ホームページでの情報公開、工場や施設の見学などが挙げられる。近年では、啓発資料のデータ化や、動画投稿サイトにおける関連動画の投稿等、誰でも啓発情報にアクセスすることが可能になった。

　しかし、各種講座や教育現場において利用する際には著作権の確認が必要である。加えて、啓発の場がネットワーク上に移ることで、ウェブサイトにアクセスできない人とできる人に深刻な情報格差（**デジタルデバイド**⇒Q25）が発生する。さらに、ウェブでの閲覧は利用者が自ら関心ある情報にアクセスする性質が強いため、関心がない人には啓発情報が行きわたりにくいことも課題である。

　一方、消費者教育の目的は、情報を集め取捨選択して、日々の選択が自身の生活、社会、自然環境や将来に与える影響について理解し、合目的的に意思決定できる思考力や判断力、価値観等を主体的に身につけることのできる資質を育むことである。情報が正しいものか判断し、意思決定できる力を身につける能力を養うためには、情報の活用方法について学ぶことが必要であり、情報の提供に留まってはならない。

インターネットインフラの普及によって、**SNS（ソーシャルネットワーキングサービス）** などを通じて、誰もが気軽に情報を発信できるようになった。消費者も情報提供者としての責任が発生する。情報を発信する立場の学習も含めた**メディアリテラシー**の育成が必要である。企業に手紙やメールで質問や要望を述べる（**コンプレインレター**）、パブリックコメントを作成する、といった活動を取り入れながら、自分の考えや価値を適切に主張する力を身に付けさせたい。

消費者教育に活用できる教材や啓発資料は、消費者庁の**消費者教育ポータルサイト**（Q9 キーワード参照）（http://www.caa.go.jp/kportal/index.php）に取りまとめられている。消費者教育支援センター（Q6 キーワード参照）では、教育現場等で活用しやすい優秀な教材の表彰があり、ホームページでその教材の情報を公開している（http://www.consumer-education.jp/activity/contest.html）。受講者の年齢や、学習環境、目的に応じた適切な資料、教材を選択することが肝要である。

＊　　＊　　＊

[キーワード]

【メディアリテラシー】　リテラシーとは読み書きそろばん等の能力（知識と使いこなす力）を指す言葉である。5W（発信者、内容、入手した場所、発信された理由、発信された日等）で情報を解体し読み解く「メディアを主体的に読み解く能力」、情報収集に適したツールを選択する「メディアにアクセスし、活用する能力」、情報の読み手に配慮した受信・発信ができる「メディアを通じてコミュニケーションする能力」の3つで構成される能力を指す。

【コンプレインレター】　アメリカではComplaint letter「苦情の手紙」と表され、消費者問題解決の手法の一つである。消費者問題に直面した人が店舗やメーカー等に提出するクレームの手紙のことである。①商品を購入した場所、時間帯、価格②発生した問題（写真や証明できるもの）③希望する解決方法（返品、返金、修理他）④対応を求める期限などを表記する。教材として用いることで、商品・サービスに関する情報を取捨選択し、自分の考えを論理的に整理し、伝える力を身につけることが期待できる。

Q15　企業における消費者教育はどのようなものか

　消費者教育においては、従前より行政・学校・企業・消費者団体などにおいて様々な取り組みがなされている。その狙いや手法などは各主体で異なるが、消費者教育の本質的なあり方は同じベクトル上にあると言える。したがって、消費者教育の推進においては、各主体間の協力体制や総合的合意システムがより重要視されよう。

　分けても企業における消費者教育は、その活動自体が販売促進という役割をもつのと同時に、消費者の苦情や不満を未然に防ぎ、企業の永続的経営をサポートする役割を担っている。また、社内的には**企業倫理**や**CSR**（企業の社会的責任）に関しての従業員教育としての側面も持ち合わせている。換言すれば、企業の活動倫理と社会的責任を社内に構築する手段として、さらには企業と消費者間のコミュニケーションを、より密にする手段として消費者教育が位置づけられる一方で、いわゆる生活環境適応に関する消費者問題を減少させることで事務処理コストを最小限にとどめ、結果的に消費者を合理的な行動に導くなどの役割を担っている。また、生活環境適応だけでなく、企業の提供する商品・サービスやその生活環境をより良いものにして、消費者の新たな生活の質や価値を高める生活環境醸成にも主眼がおかれている。

　そうした中で、**ACAP**（エイキャップ）や**HEIB**（ヒーブ）などは、企業における消費者教育を支援する役割を担って、多方面においてその活動を展開している。具体的な活動としては、社内的には企業倫理やCSRなどの教育を従業員に行う一方で、対外的には消費者啓発を念頭におき、消費者問題に対する理解を消費者自身に深めてもらうために、企業が社会貢献活動の一助として、教材やビデオ制作などに幅広く取り組んでいる。企業自らがこうした消費者教育を通じて、企業批判の眼を消

費者に向けさせることは、結果的に顧客志向を怠っている企業を、賢い消費者によって駆逐させることにもなる。

今後の展開としては、これまでの活動や商品・サービスの情報提供の継続はもとより、従業員教育の徹底、**消費者関連担当部門**の設置、社会教育や学校教育に役立つ消費者教育プログラムの作成、消費者や学校の教師・生徒などを対象とした講習会の開催などに積極的に取り組んでいく必要がある。そうした一連の企業努力は、消費者との信頼関係を構築しようとする消費者対応の一環として極めて重要である。

＊　　＊　　＊

[キーワード]
【企業倫理】　企業倫理とは、市場や社会において企業が守るべき倫理的な行動とその考え方の総称である。コンプライアンス（法令順守）やCSR（Corporate Social Responsibility：企業の社会的責任）などは企業倫理の延長線上にある。

【ACAP(エイキャップ)及びHEIB(ヒーブ)】　ACAP(The Association of Consumer Affairs Professionals：消費者関連専門家会議）は、1973年米国で設立されたSOCAP（Society of Consumer Affairs Professionals in Business：企業内消費者問題専門家会議）に倣い、1980年に設立された各企業の消費者関連部門担当者の組織である。①消費者関連担当部門の専門家としての業務遂行能力の向上を図る、②企業の消費者志向体制の整備や発展に寄与する、③消費者・行政・企業相互間における理解や信頼を高めることを目的に活動している。日本HEIB（ヒーブ）協議会は、消費者と企業のパイプ役としての使命と職務に則り、その資質と能力向上を図り、消費者利益の増進及び企業活動の健全な発展に寄与する目的で1978年設立された。HEIB（Home Economists In Business）の発祥地米国では、1923年米国家政学会の一分科会としてHEIBが位置づけられたが、日本の場合、主に企業と消費者のパイプ役として、企業で働く消費者関連部門担当の女性をHEIBと呼んでいる。

【消費者関連担当部門】　企業における消費者関連部門とは、例えば「お客様相談センター」、「顧客業務部」などの名称で呼ばれる、いわゆる消費者への対応の窓口的部署のことをいう。近年、多くの企業で担当部門の設置が進み、場合によっては外部委託による対応を行う企業も出てきている。

Q16 消費者団体・組織における消費者教育とはどのようなものか

消費者団体は、消費者の利益のために連帯して消費者活動を行っている団体であり、**消費者基本法**第8条では「消費生活に関する情報の収集、意見の表明、消費者に対する啓発や教育、消費者被害の防止や救済の活動、その他消費生活の安定及び向上を図るための健全で自主的な活動に務める」ことが消費者団体の責務と規定され、消費者の自立や消費者問題に関連する学習活動は消費者団体の重要な活動の柱となっている。

海外では、アメリカのコンシューマー・ユニオン（CU）、英国のホイッチ（Which?、旧消費者協会）、フランス消費者同盟（Que Choisir）、韓国の韓国消費者同盟など、様々な消費者団体があり、政策提言、商品テスト、出版、消費者相談などを通じ消費者教育を実施している。

わが国の消費者団体による消費者教育は、1948年に結成された主婦連合会が主婦大学、消費者ゼミナール、全国婦人の集いなどの教育活動を行ってきた。**主婦連合会**は、消費者教育を目的として結成されたものではないが、会員だけでなく、非会員でも自分たちの学習を消費者教育の場として開放することや、その活動自体が消費者教育の題材となっていることに特徴がある。また、**日本消費者協会**は、1961年に日本で初めての消費者教育機関として設立され、**消費生活コンサルタント養成講座**や**消費者力検定**を実施し、消費者教育を中心とした活動を行っている。全国消費者団体連絡会（**消団連**）、全国地域婦人団体連絡協議会（**地婦連**）、日本消費生活アドバイザー・コンサルタント・相談員協会（**NACS**）等多くの消費者団体があるが、消費者教育の推進役となる指導者の養成、商品テストの実施、消費生活上の調査、消費者情報の提供、消費者教育講習会の開催等々の役割とともに、学校における消費者教育についての協力と支援も行っている。

また、2006年消費者契約法の改正により、事業者の不当な行為をやめさせるため、**適格消費者団体**による**団体訴訟制度**（団体訴権）が導入され、適格消費者団体が裁判外の申入れに基づく交渉を積極的に行っている。消費者トラブルの悪質化・巧妙化が進む中、消費者被害救済においても消費者団体の認知度を高めるとともに、団体訴訟制度の一層の活用により、消費者団体の社会的役割や専門性を高めていくことが必要である。また、**消費者市民社会**の展開のためには消費者力の強化が不可欠であり、消費者団体の役割は重要となっている。

＊　　　＊　　　＊

[キーワード]
【主婦連合会】　1948年に東京で行われた不良マッチ退治主婦大会に集まった主婦らが全国組織の必要を訴え、結成された消費者団体である。1950年には日用品審査部を設置し消費者のための商品テストを実施したが、当時このような消費者の活動は斬新的なものであった。現在も、セミナー、ファシリテーターなどの養成講座、税金や放射能などの相談会等幅広く教育活動を行っており消費者による消費者自身の教育の場としての意義が大きい。

【日本消費者協会】　1958年日本生産性本部内に消費者団体代表、学識者、関係官庁係官を集め発足した消費者教育委員会準備会は、同年正式に消費者教育委員会となり、翌59年に『買い物上手』という商品知識の啓蒙的手引き書を発行した。この組織が発展し1961年に日本消費者協会として日本で初めての消費者教育機関として設立された。2013年一般財団法人に移行し、現在も、消費生活相談、消費生活コンサルタント養成講座、消費力検定などを実施し、消費者教育を中心とした活動が行われている。

【適格消費者団体】　消費者全体の利益擁護のために、差止請求権を適切に行使することができる適格性を備えた消費者団体として内閣総理大臣の認定を受けた団体。2006年に改正された消費者契約法で規定された。不特定多数の消費者の利益擁護のための活動を主たる目的としている。内閣総理大臣により監督措置が取られ、3年の更新制である。特定非営利法人日本消費者機構、特定非営利法人消費者機構関西など14団体ある（2016年3月現在）。

Q17　消費者教育は消費者運動とどのようにかかわるのか

　消費者問題の解決には消費者の力が必要である。しかし一人ひとりの消費者ではその限界があり、消費者は連帯団結して消費者問題の解決に取り組まなくてはならない。その方法の一つが**消費者運動**である。消費者運動は、現代の経済社会の仕組みにおいて、事業者に対し相対的な不利な立場に立つ消費者が、連帯により、経済取引における対等性の回復、消費者の権利の擁護、消費生活の向上等をめざす拮抗力としての社会運動である。消費者運動の根底にある思想あるいは指導原理はいわゆる**コンシューマリズム**といえる。国際化が急速に進展している今日、消費者問題は国際的な問題が増加しており、その解決には世界各国の協力が不可欠であり、消費者教育にも熱心な**国際消費者機構**（CI）（Q28 キーワード参照）は、世界各国の消費者団体の参加の下に、世界的な消費者運動の中心となっている。

　一方、消費者教育は経済社会において、自立して主体的に消費生活を営むことができる能力を開発し、消費者問題の解決を図ろうとするものである。消費者教育の目的、消費者につけさせるべき能力の一つに「市民参加能力の開発」があるが、その具体的な形の一つが消費者運動である。したがって、消費者教育は消費者運動の起動力であるといえる。行政や消費者団体における消費者教育は、現実の消費者問題の直接的な解決の基礎、起動力となり、両者の関係は直接的である。例えば、消費者運動の成果として消費者団体訴訟制度が実現されている。

　しかし、公教育としての学校における消費者教育で、消費者運動について学ぶことは「消費者教育＝消費者運動」ということではない。学校における消費者教育は、消費者運動の歴史的・原理的な事項について学習することが目的となる。そしてその結果として将来社会人として、消

費者問題の解決に積極的に直接かかわる能力を持つことに繋がるだろう。

　学校における消費者教育と行政や消費者団体における消費者教育の違いと関連を認識するととともに、学校における消費者教育と社会における消費者運動との違いと関連の認識が必要なのである。消費者教育とは、消費者が商品・サービスの購入などを通して消費生活の目標・目的を達成するために必要な知識や態度を習得し、消費者の権利と役割を自覚しながら、個人として、また社会の構成員として自己実現していく能力を開発する教育である。

＊　　＊　　＊

[キーワード]
【日本の消費者運動】　主婦連合会による不良商品や粗悪品の追放運動から始まった日本の戦後の消費者運動は、商品知識の普及・消費者啓発などによる情報提供型から、欠陥商品などに対する告発型の消費者運動、消費者連携によって消費生活の向上を図ろうとする生協型の消費者運動などの型で展開されてきた。最近では、地球規模での環境や資源の問題などへ消費者市民社会をめざした活動も行われている。

【消費者団体】　消費者団体は、「消費者の権利・利益の擁護・維持を目的又は活動内容に含み、消費者によって自主的に組織された団体又は消費者のための活動を恒常的に行っている民間団体（企業、事業者団体を除く。）」とされ、平成23年度消費者庁調査によればその団体数は広域団体166、県域団体418、地域団体1846であり、その主な活動内容は「講習会・見学会等の開催」「機関紙・誌の発行、ホームページの開設」をあげている団体が多い。さらに、環境保全や保健・医療・福祉の充実などのための活動も行われている。近年は、適格消費者団体制度が話題となっている（Q16キーワード参照）。

Q18　消費者教育における連携・協働とはどのようなものか

　全ての国民がどこに住んでいても、生涯を通じて、様々な場で、消費者教育を受ける機会が提供されるためには、多様な担い手が連携を図って進めていく必要がある。**連携・協働**は、今後の消費者教育の推進において不可欠なキーワードの一つである。

　消費者教育の推進に関する基本的な方針（2013年6月閣議決定、**消費者教育推進の基本方針**）では各主体の連携・協働を、①国と地方公共団体、②消費者行政と教育行政、③地方公共団体（消費者行政と教育行政）と消費者団体・事業者事業者団体に分けて整理している。

　消費者教育の推進が責務として定められている国および地方公共団体では、推進法3条の基本理念にのっとり、関係機関との連携・協働のもとに施策を実施するものであるほか、国と地方公共団体のみならず都道府県と市町村の連携・協働（役割分担）も提示している。また、消費者教育は国レベルでは消費者行政を担う消費者庁と教育行政を担う文部科学省、地方レベルでは地方消費者行政担当部局（**消費生活センターを含む**）と**教育委員会**の緊密な連携・協働が不可欠である。

　一方、地域においては、消費生活センターを消費者教育の拠点として位置づけるとともに、様々な主体の結節点として消費者教育推進地域協議会によってネットワーク化を図り、効果的な連携・協働の場をつくることが期待されている。さらには、多様な主体の連携により消費者教育の機会が充実するよう、コーディネーターの育成に取り組むことが基本方針に示された。消費生活相談窓口に消費生活相談員が配置されているように、消費者教育の拠点となる消費生活センター等において**消費者教育コーディネーター**のような消費者教育を推進する人材が恒常的に配置され、コーディネート機能が発揮されることで主体間の連携・協働が一層深められる

であろう。

　消費者教育における具体的な連携・協働には、学校、家庭、職場、地域等のそれぞれの場での取組が必要である。それを可能にするのは、それに関わる主体が共通の課題や願いをもつ時である。子どもたちに対し、社会において生きる力を育みたいと考える教師と、消費生活センターの願いが一致すれば、一つの授業を共に組み立てたり、講師として授業への参加を可能にする。そこに関わる主体が得意分野を生かし合う時、いっそうの効果的な連携・協働が生まれると言える。

＊　　＊　　＊

[キーワード]

【消費者行政と教育行政】　文部科学省の消費者教育取組状況調査（2011年）によれば、教育委員会では消費者教育の実施の意識が低く、消費者行政との連携も十分に意識されていない傾向が見られた。文部科学省では2010年に消費者教育推進委員会を設置し、連携・協働による消費者教育の推進事業を継続的に実施する等、地方公共団体における消費者行政と教育行政の連携・協働促進のための支援を行っている。

【消費者教育推進地域協議会】　消費者教育推進法20条第1項において、都道府県及び市町村に対して設置を定めるもの。努力義務であるため設置状況に自治体間の格差があること、また、これまで消費生活審議会が設置されていた地域では、その一部又は全部を協議会としてみなす場合もあるため、実質的な連携・協働の結節点となりにくい等の課題もある。一方、これまで消費生活審議会等が設置されていなかった自治体には、消費者教育推進地域協議会の設置によって消費者行政全体を積極的に推進しようとするケースも見られる。

【消費者教育コーディネーター】　消費者教育の拠点となる消費生活センター等で、地域における消費者教育を企画・調整し、推進する専門職を意味する。学校との連携を推進するために教員OBを配置したり、消費生活相談員が相談業務とは別に担当する例もある。現在、その名称は地方自治体により異なるが、（独）国民生活センターでは、2016年から「消費者教育コーディネーター研修」も開講されている。

Q19　消費者教育は環境教育とどう違いどのようにかかわるのか

　2012年に制定された**消費者教育推進法**では、**消費者市民社会**への参画が明記され、**環境教育**との結びつきが明確となった。消費者は、商品などの経済財と同じく、空気などの自由財も消費しているのであり、自由財を含めて生活をエコロジカルにトータルにとらえる視点で考え、生産―販売―購入の段階だけでなく、消費すなわち使用―廃棄―再生産の段階における問題も忘れてはならない。消費者はその購入の意思決定に際しては、品質、機能、デザイン、価格等、個人的な経済的利益価値だけでなく、商品購入に当たって、資源的に、環境的に配慮されたものを選ぶ責任と役割、つまり地球市民としての公共的利益価値の自覚がますます求められている。

　一方、環境教育は、単なる自然環境の保護だけでなく、町並み保存などの社会的・文化的環境をも取り込みつつ、開発・人権・平和といった諸問題を包含する「持続可能な社会のための教育」へとその概念を広げ、2005年から開始された「国連　持続可能な開発のための教育の10年」の中心的役割をも担ってきた。環境教育の歴史を概略すれば、1972年の**国連人間環境会議**（ストックホルム会議）で採択された**人間環境宣言**における位置付けから始まる。その後1975年にユネスコが国連環境計画（UNEP）と共同でIEEP（国際環境教育計画）をスタートさせ、同年の国際環境教育ワークショップ（ベオグラード会議）、1977年の環境教育政府間会議（**トビリシ会議**）の開催など、国際会議の舞台を通じて、その枠組みづくりや国際的な合意形成がはかられた。その成果は**ベオグラード憲章**、トビリシ勧告として公表されている。さらに1977年の**テサロニキ宣言**では、環境教育は「環境と持続可能性のための教育といってかまわない」と明記され、環境のみならず貧困、人口、健康、民主主義、人権（ジェンダー）、平和を包含する**持続可能性**の概念と結びついた。

日本の環境教育は、1960年代の公害教育と自然保護教育に端を発し、1970年代中ごろから環境教育の取組みが活発化した。その後1990年代初頭に、文部省から『環境教育指導資料』が発行され、そのなかで「環境教育は消費者教育の視点も併せ持つもの」と明記された。1993年、環境基本法に環境教育の推進が明記され、1999年に中央環境審議会が主要な環境政策の一つにその教育を定義した。2003年には**環境教育推進法**（環境の保全のための意欲の増進及び環境教育の推進に関する法律）が制定された後、2012年にはそれを改正した**環境教育促進法**（環境教育等による環境保全の取組の促進に関する法律）が施行されるなど、国策の一部としての基盤が構築されてきた。

　環境教育は消費者教育とは異なった独自性を有しているが、消費者教育と環境教育とは密接にかかわり合う。持続可能な社会をめざして、限りある資源の有効利用や、環境を破壊しない新たなライフスタイルなど、環境について考える消費者教育は、人類の生存を将来にわたって保障するために、かけがえのない地球を守る環境論理に基づく地球市民人間開発教育である。

　このように環境教育と消費者教育との関連は密接であるが、そのために消費者の権利の侵害にかかわる消費者問題とその教育の焦点がぼけてしまわないことが大切である。

＊　　　＊　　　＊

[キーワード]
【経済財と自由財】　商品やサービスはその入手のために代金を払う「経済財」。これに対して、空気、日光、河川あるいは自然景観などは、一般にお金を払わなくても自由に消費できる「自由財」。生活環境問題の悪化は、「自由財の経済財化」をもたらした。たとえば、それまで地球上に無尽蔵に存在するがゆえに無償で入手できたものが、生活環境問題の悪化によって良質な自由財に「希少価値」が生じ、取引の対象となったのである。

Q20　消費者教育とESDとのつながりはどのようなものなのか

　ESD（Education for Sustainable Development：持続可能な開発のための教育／持続発展教育）は、市民一人ひとりが、世界の状況や将来世代、環境との関係性の中で生きていることを認識し、持続可能な社会づくりに主体的に参画するようになることを目指す教育である。1992年に開催された**国連環境開発会議**において持続可能な社会構築のための重要性が国際的に認識されて10年後、2002年に開催された**ヨハネスブルグ・サミット**で日本が国連へ提案して開始された「**ESDの10年**」（2005～2014年）では、そのリードエイジェンシーであるユネスコ策定の国際実施計画において、環境教育等とともに消費者教育もESDに貢献する多様な分野のひとつとして含まれていた。一方、日本の消費者教育をめぐる状況においてESDへの認識が高まったのは、2012年に制定された消費者教育推進法で消費者市民社会への参画が明記されてからといえるが、消費者教育とESDの共通点は多い。たとえば、知識を得るだけにとどまらずに意識と行動を変革することを重視する点のほか、市民としての能力の育成、行動につながる能力の育成、参加型学習、学校と地域等の多様な教育の取り組み、多様な主体（**ステークホルダー**）の連携、他の教育分野との連携、地域に根差した実施等、「公正かつ持続可能な社会の形成に積極的に参加する消費者」の育成は、ESDを日常の消費生活に関する行動から推進するものと位置付けることができる。

　もともとESDという用語が登場する以前から、ユネスコが開発したe-ラーニング教材『持続可能な未来のための学習』（2002）では、すでに消費者教育が組み込まれていた。その中の「はじめに」では、1992年の国連環境開発会議で採択された**アジェンダ21**の第4章「持続可能な消費形態への変更」に言及しながら、「持続可能性に向けた教育の新たな

方向性として、アジェンダ21は保健、市民権、そして環境教育を組み込んで、新しい消費者教育にアプローチしようとしています」と明記され、世界規模での公平性の課題などについてアプローチしたものとなっていた。また、「ESDの10年」の中間年会合として2009年にドイツのボンで開催されたESDユネスコ世界会議でも、22種類のテーマ別ワークショップのうちの一つが「ESDを通じた持続可能なライフスタイルと責任ある消費」で、当時の**コンシューマー・シティズンシップ・ネットワーク（CCN）**の代表ビクトリア・トーレセン氏がファシリテーターとなっていた。

　このように、消費者教育はESDと密接に関わりあい、特に消費生活に関わる側面から推進するものと位置付けることができる。一人ひとりが日常生活のなかで**経済的投票権**を行使することによって持続可能な社会の構築を実現できるものとして、今後ますますその役割は重視されるであろう。

＊　　　＊　　　＊

[キーワード]
　【**経済的投票権**】　ある商品・サービスを購入するということは、そこにお金を投票していることだという考え方。フェアトレードや地産地消など、人権や環境などに配慮して社会全体をより良いものにしようとする企業のものを購入する一方、相反して利益のみを追求する企業に対しては不買運動を起こすなど、消費者が果たす役割は大きい。

　【**国連持続可能な開発のための教育の10年**】　2002年に開催された「持続可能な開発のための先進国首脳会議」（ヨハネスブルグ・サミット）において、日本政府と日本のNGO（環境教育や開発教育等の関係者が連携）との共同提案が国連総会で採択され、2005年から2014年までユネスコが主導機関となり、国際的に様々な活動が展開された。日本の学校現場においても、ユネスコスクールの加入とともにESDを実践する事例が増加した。2014年の最終年会合が岡山と名古屋で開催された後、GAP（グローバルアクションプログラム）が展開されている。

Q21　持続可能な消費はどうすれば実現ができるのか

　持続可能な消費とは、消費者一人ひとりが自分の消費行動が社会、経済、環境に与える影響を理解し、その負の影響を最小限にするように行動することであり、最終的に持続可能な社会を実現することを目的としている。持続可能な社会を達成する上で持続可能な消費は持続可能な生産と表裏一体の関係にあり、消費者が果たせる役割と言える。

　持続可能性の概念を最初に示したとされる**ブルントラント委員会**では、その最終報告書の中で「将来世代のニーズを損なうことなく現在の世代のニーズを満たすこと」を持続可能性の条件としていた。つまり、「将来世代」を考えて行動することが持続可能な消費の重要要素になる。さらに、現在、持続可能性は「環境」だけでなく、「経済」「社会」のバランスを取ること（**トリプル・ボトムライン**）と理解される。例えば、OECDが2008年にまとめた報告書では「持続可能な開発の中核として、社会、経済、環境という「三本柱」をともに考慮する必要性がある。」と述べている。であるならば、社会の持続可能性の観点からは個々人の幸福の追求が他の人びと、ひいては社会の幸福に貢献するのかを検討する必要がある。また、従来の経済学では、消費者としての購買行動（「消費」）の最大化こそが「幸福」であるとされ、消費を伴わない節電、リサイクル、使い回しなどの行動は環境にやさしかったとしても幸福に結びつかないという矛盾を含んでいる。しかし、環境との関係では幸せを感じる程、環境にやさしい行動をとるか、環境にやさしい行動を取る人は幸せになるかが重要である。

　そして、持続可能な消費と持続可能でない消費は経済活動の中心的指標である国内総生産（GDP）では区別することができない。例えば、古い洋服のほつれたところを自分で直して使い続けることはGDPに貢献しない。また祖父母が孫の面倒をみて、その笑顔に幸せを感じたとしてもGDPには換算されない。むしろできるだけ保育所に預けて保育料

を払うことによってGDPは増える。そのため、持続可能な消費・生産を測定するため、近年、その指標化に向けて様々な取組みがされている。2015年に採択された**持続可能な開発目標（SDGs）**では目標12として持続可能な消費・生産の確保を掲げた。

このようにみてくると**消費者教育推進法**で「消費者が、個々の消費者の特性及び消費生活の多様性を相互に尊重しつつ、自らの消費生活に関する行動が現在及び将来の世代にわたって内外の社会経済情勢及び地球環境に影響を及ぼし得るものであることを自覚して、公正かつ持続可能な社会の形成に積極的に参画する社会」（第2条2項）と定義された消費者市民社会は持続可能な社会とほぼ同概念と考えることができる。つまり、持続可能な消費の実現には①様々な事象の起こる「背景」を知識として持てる深い洞察力、②自分の行動が他者や次世代を含めた社会・環境に及ぼす影響を理解する共鳴・共感の心、③社会を変えていくために協働していく行動力、を身につけることが重要になっている。

＊　　＊　　＊

[キーワード]

【ブルントラント委員会】 1984年に21名の委員が自由な立場で議論を行うために国連に設けられた委員会で、1987年に報告書「我ら共有の未来（Our Common Future）」をまとめた。委員長であったノルウェー首相のブルントラント氏の名前を冠してブルントラント委員会と呼ばれる。

【トリプル・ボトムライン】 1997年に英・サスティナビリティ社のジョン・エルキントン氏が唱えた概念。持続可能な消費・生産は天然資源・化学物質の使用、廃棄物・汚染を最小限にすることが重要とされ、環境面に重点が置かれていた。しかし、企業の役割として環境面だけでなく、人権配慮、社会貢献や地域社会との協働を重視した。

【持続可能な開発目標】 ミレニアム開発目標に代わって2015年に国連総会で採択された2030年までに達成すべき政策目標。ミレニアム開発目標で掲げられていた貧困撲滅、飢餓ゼロ、全ての人の健康・福祉などに加えて、再生可能エネルギーの推進、持続可能な都市・住環境の実現、持続可能な消費と生産様式の確保など持続可能性を重視して17目標、169項目のターゲットが設けられている。

Q22　消費者教育は福祉教育とどのようにかかわるのか

福祉教育はともに手をたずさえて豊かに生きていくための実践力を養う意図的活動である。現行の社会保障あるいは社会福祉の制度と活動への関心と理解を深め、自分自身の日常生活と結びつけるための体験学習を通して問題解決能力を身につける教育活動といえる。憲法で規定された基本的人権を尊重し平和と民主主義社会をつくりあげることを前提として、自立した個人がお互いにその存在を認めあって関わりを大切にしながら生きていくという共生の思想を重視する。

社会福祉をめぐる課題を具体的に学習する福祉教育について学校教育との関係でみると、小・中学校の教員免許を取得するために介護等体験が義務付けられており、**総合的な学習の時間**では「福祉」が例示され、高等学校の専門教育として教科「福祉」が設置されている。大学教育では国家資格である社会福祉士や精神保健福祉士、短大等には介護福祉士の専門職になるための養成課程がある。社会福祉に関わる専門課程で消費者教育を直接学ぶ機会は多くないが、関連する授業を選択科目として設けている大学もある。

少子高齢社会の現在、子どもの貧困が問題となり、生活保護受給世帯の増加と、その半数を高齢者世帯が占めるようになっている。認知症高齢者をはじめとする**判断不十分者契約**による相談件数が年々増加し、高齢者や障がい者が消費者トラブルに巻き込まれる機会も増えている中、2011年には**障害者基本法**が改正され、障害者が消費者として保護されることが第27条に言及されている。**消費者教育推進法**でも、地域における消費者教育の推進に関する第13条において、高齢者や障がい者等に対する消費者教育が適切に行われるために福祉関係者への研修の実施、情報の提供などが求められている。

消費者問題と社会福祉との間には密接な関わりがあり、被害に対する救済システムの整備が不可欠である。当事者の情報や支援を「受け取る力」には制約のある場合が多いことを前提に、当事者と見守りの担い手が消費生活での問題の所在に気づき、社会にある問題解決のための手立てにつながる力が重要となってくる。

　福祉教育とは生活で生じる問題に対し、社会にある制度やサービスを活用しながら問題解決を図るための力をつけていくことを目標としている。それは学校教育に限らず、生涯を通じて様々な場面で学びあう消費者教育推進法の基本理念と重なる部分も多い。

＊　　　＊　　　＊

[キーワード]
【社会保障】　生活の安定を保障するための公的制度。日本国憲法第25条に規定されている「健康で文化的な最低限度の生活を営む権利」(生存権)を根拠とし、最低生活(国民の最低限度の生活水準)を確保するための方法として①社会保険(医療保険、年金保険、労災保険、雇用保険、介護保険を含む)、②公的扶助(生活保護)、③社会福祉(老人福祉、障害者福祉、児童福祉、母子福祉などを含む)、④公衆衛生及び医療、⑤老人保健がある。

【社会福祉】　生活を送る上で経済的、身体的、精神的な問題に直面している人を支える社会制度をいう。高齢者や障がい者、児童、貧困・低所得者層を対象にした施設運営、ホームヘルパーによる介護に代表される福祉サービスなどがある。

【障害者支援と消費者教育】　障害の種類や程度によって必要な支援は異なるが、判断能力に支援が必要な場合、だまされていることに気づかなかったり、被害にあっても抱えこんで周囲に相談しない傾向にあることが指摘されている。障害者就業・生活支援センターの中には日常的な金銭管理に関する支援や講座を開催するところもあり、そうした場面に役立つ消費者教育の素材が求められている。

Q23 消費者教育は経済教育、金融教育、法教育とどのようにかかわるのか

　経済教育、金融教育、法教育は消費者教育とは異なった独自性を持っているが、それぞれ消費者教育とは密接なかかわりを持っている。経済教育、金融教育、法教育は、経済の自由化・規制緩和や法化社会など社会の急激な変化に対応するための教育として必要性がより認識されたものである。

　経済教育は、経済についての見方や考え方を身に付け、個人と社会の両方の面において経済に関する**合理的な意思決定**ができる能力を養う教育である。経済教育の内容領域は、意思決定などの経済の基本問題、ミクロ経済、マクロ経済、国際経済に分類される。意思決定などの経済の基本問題では、希少性、機会費用、トレード・オフ、意思決定プロセスなど「合理的な意思決定」のための経済概念を扱い、この内容領域は消費者教育と共通している。

　金融教育は、お金や金融に関わる教育のことであり、生活設計・家計管理、金融や経済の仕組み、消費生活・金融トラブル防止、キャリア教育に関する教育である（金融広報中央委員会「金融教育プログラム」）。したがって、金融教育は、消費者教育の**金融リテラシー**に関する分野をより詳細に展開させた教育ということができる。

　法律の専門家を育成する法学教育に対して、法教育は一般の人々を対象にして、法や司法制度、法やルールの背景にある価値を理解し、リーガルマインド（法的なものの考え方）を身に付け、**リーガルリテラシー**（法を理解し使いこなす力）を育てる教育である。特に、法教育の主要なテーマの一つである「私法と消費者保護」は、契約の自由と責任、消費者問題と消費者保護等を扱うものであり、この部分においては消費者教育の内容と共通している。

消費者教育とこれらの教育は、個人の生活を向上させるための能力とともに、社会を構成する市民として必要な能力を身に付けるための市民性教育であることも共通している。以上の点から、消費者教育、経済教育、金融教育、法教育はそれぞれの独自性はあるが、内容領域において共通する部分が多く、消費者教育はそれらの根底をなすものと位置付けることができる。経済教育、金融教育、法教育は消費者教育の視点を取り入れることによって抽象的な内容が具体的になり、効果的に目的が達成される。また、これらの教育は消費者教育の特定の内容領域を専門的に詳細な展開をしているものなので、消費者教育との連携が進められている。

＊　　＊　　＊

[キーワード]
【経済教育】　規制緩和による自由化が進む一方で、安定した終身雇用制が過去のものとなりつつある。こうした社会では消費者の選択肢が広がるが、様々なコストやリスクを踏まえて意思決定をする能力を身に付けることも必要である。このような背景から、経済に関わる、個人的・日常的な問題から社会的・公共的な問題まで、合理的な意思決定ができる能力を身に付けるための経済教育の重要性が認識されている。

【金融経済教育】　2008年のリーマンショック以降、金融不安がより世界的に拡大する中で、国民の生活技術としての金融リテラシーの水準を高めることが必要になった。OECDではINFE（金融教育のための国際ネットワーク）が組織され、会議が毎年開催されている。2012年にはOECD/INFEは、効果的な金融教育プログラムの実行に向け「金融教育のための国家戦略に関するハイレベル原則」を採択し、同原則はG20ロスカボス・サミットで承認を受けている。わが国では、金融庁が2012年に設置した金融経済教育研究会を、金融経済教育推進会議（事務局：金融広報中央委員会）へと発展させ、同会議は金融経済に関わる能力向上に向けた**金融リテラシーマップ**を作成し、2014年に公表した。同マップは最低限身に付けるべき内容を「家計管理」「生活設計」「金融知識及び金融経済事情の理解と適切な金融商品の利用選択」「外部の知見の適切な活用」の4分野に分類し、年齢層別に示したものである。

Q24　消費者教育はキャリア教育とどのようにかかわるのか

　今日、わが国の社会構造は大きく変容し、経済的側面においてはグローバリゼーションが急速に進展してきている。さらにICT（情報通信技術）によってそれらのもたらす変化は加速されてきている。その結果、これまでの「消費者」の概念は、ここに来てその意味を大きく転換させなければならなくなってきた。なぜなら、「消費者教育」の重要なテーマである消費者問題は、被害者と加害者が表裏一体となる状況が生まれ、若年層化が進んできたからである。それは「消費者の権利と責務を享受するだけではなく、実践的学習を通じて「消費者としての課題」を明らかにすることの必要性を意味している。そのためには、背景としての社会状況を理解することができなければならない。これは**キャリア教育**においても同じことが言える。労働の多様化（アルバイト・パート・短期雇用契約や派遣など）により労働形態を自由に選択することが可能となり、正社員で労働しなくても生きていけるという意味では「キャリア」の考え方も多様となってきた。
　では、消費者教育とキャリア教育を教育内容からの共通点でみると、①専門教育として独立的なものではない、②文脈的な教授・学習である、③社会状況や社会構造の変化に大きく影響を受ける、④学校教育だけでなく継続的な学びを必要とするなどである。次に教育目標に焦点を当ててみると、消費者教育は、自立した賢い消費者を育て市民生活に貢献することであり、キャリア教育は、端的には職業観・労働観の育成であろう。いずれも普遍的なものとなる。しかし、その目標達成するための手段・方法は一般化されておらず、現場の担当者が試行錯誤の中で予防的な意味合いと実効性の高い教育を目指している。このように両者共に言えるのは実践的な側面が強く求められる教育なのである。したがって取

り上げる課題やテーマ・年代・性別・立場によって答えが一つとは限らないが、先人の取り組みを大いに分析して、自らの基準に照らして何が重要なのかを考え行動に移す、基礎的な学びとして継続的に定着させることこそが、「生きる力」の育成につながるものである。

　消費者教育とキャリア教育は、教育学としては後発であるが、現代社会に於いては必須と言わざるを得ない。学生時代の学びは、進学のためや自分の人生を決定する採用試験対策ではなく、学びの応用が豊かな人生を送るために不可欠であることを教員一人一人が意識して指導に当たるべきものなのではないだろうか。

＊　　　＊　　　＊

[キーワード]
【キャリア教育の4領域と10能力】 ①人間関係形成能力（自他の理解能力、コミュニケーション能力）②情報活用能力（情報収集・検索能力・職業理解能力）③将来設計能力（役割把握、認識能力、将来実行能力）④意思決定能力（選択能力、課題解決能力）であるが、その目標達成のための具体的な手段・方法となると容易ではない。

【キャリア教育】　将来の進路選択支援として昭和20年代には「職業指導」が主として行われた。昭和33年代には、高等学校への進学率が50％を超えたことにより「進路指導」へと移行したが「進学指導」が中心となったために職業社会への移行に必要な職業観や勤労観の不足が指摘されるようになる。その結果平成11年中央教育審議会答申において初めて「キャリア教育」の必要性が述べられた。

【ライフキャリア】　ライフキャリアの概念は、平成9年、ハンセンにより提唱される。ハンセンは、キャリア概念の中に人生における役割を全て幅広く盛り込んだ。その中で、キャリアを構成する人生の役割における四つの要素（①仕事②学習③余暇④愛）の統合が必要であり、それぞれの要素がうまく組み合わさってこそ「意味ある全体」になるとし、個人は全体として「どのように生きるか」を最も重要な課題とした。

Q25　情報化社会の進展の中で消費者はどうあるべきか

　インターネットに代表される双方向の情報通信ネットワークの普及は、電子的な情報通信に支えられた世界規模の市場を形成し、消費者教育の目標・内容・方法・担い手・可能性など多様な面に大きな影響を与えている。

　消費者教育の体系イメージマップ（消費者教育推進のための体系的プログラム研究会）でも重点領域の１つに「情報とメディア」があげられ、活用ガイドではその具体的な目標として「高度情報化社会における情報や通信技術の重要性を理解し、情報の収集・発信により消費生活の向上に役立て得る力」そして「情報、メディアを批判的に吟味して適切な行動をとるとともに個人情報管理や知的財産保護等、**メディアリテラシー**を身に付け、活用できる力」と説明されている。

　消費者問題が生じる背景として、消費者と事業者との間の情報の質や量の格差や、**ICT**（情報通信技術：Information and Communications Technology）の利用で生じる**デジタルデバイド**（情報格差）等がある。世界規模で形成された電子的な情報通信に基づく市場に消費者が参加するためには、情報通信技術の基礎知識や技術とともに、電子商取引市場に特有の利便性や危険性を理解するための学習や訓練も不可欠である。

　消費者の権利が実現された健全な市場が発展するためには、消費者の権利と責任に関して、情報化社会における特有の留意点がある。権利については、知識や技術などの差にかかわらず、あらゆる消費者が安全かつ主体的に市場に参加できることが保障されるべきであり、責任については、自分に保障されている権利を守ると同時に、他人の権利を侵害しない行動がとれることが重要である。具体的には、自分の個人情報ばかりでなく他人の個人情報を保護すること、他人の**知的所有権**を尊重する

ことなどがある。

　情報ネットワークに流通・蓄積された膨大な情報は、消費者の学習内容を豊かなものとする教育的資源であり、双方向の情報通信は消費者の要求に対応した多様な学習機会の提供を可能にする。消費者が時間的・空間的な制約から離れ、自身の多様な関心に合わせて、商品・サービスの選択と同じように、学習機会や学習資源を選択することができ、生涯にわたる消費者学習の機会を提供することが消費者教育に求められている。

＊　　＊　　＊

[キーワード]
【高度情報化社会】　高度に発達した情報通信技術による情報処理と双方向の情報通信ネットワークを結合させた高度情報化の流れは、産業・市場・経済・文化など社会の広範囲の分野において根本的かつ急激な変化をもたらした。世界を構成するとされるモノ・エネルギー・情報という面では、モノの生産・流通を社会の中心に置いた工業化社会から、情報の生産が社会の中心に置かれる情報化社会へと移行し、さらにインターネットなどの情報通信ネットワークの成長と普及により、国境を越えた世界規模の情報の流通に国家や企業ばかりでなく、個人が参加できる情報社会が実現されている。

【デジタルデバイド】　インターネットやパソコンなどの情報通信技術を利用できる人と、利用できない人との間に生じる格差をいう。インターネットの利用格差では、高齢者や低所得者による利用度の低さが指摘されている。消費者基本法の第1条(目的)では消費者と事業者との情報格差に言及するとともに、第20条で「国は、消費者の年齢その他の特性に配慮しつつ（略）消費者に対する啓発活動及び教育の推進（略）等に当たって高度情報通信社会の進展に的確に対応するために必要な施策を講ずる」と国の役割が明示されている。情報が届きづらい層への対応など、不利益を被る消費者を生み出さない配慮が必要である。

Q26　医療サービスと消費者教育にはどのようなつながりがあるのか

　医療の安全神話は、長い年月を掛けて崩壊した。始まりは、戦後顕著であった感染病患者に対する非情な処遇や薬害問題（サリドマイド、キノホルムの感染）などである。これが発端となり、被害者やその家族、国民が"自分の命は自分で守らなければならない"という人権を擁護する「患者運動」が起った。その後も繰り返された医療問題は、患者や国民へ不安感・不信感を与え、「医療はサービス業である」という認識へと変化（『厚生白書平成7年版』）した。また、医療トラブルが顕在化した2000年頃を契機に、**病院の社会的責任**（HSR：Hospital Social Responsibility）が強く問われるようになった。

　罹る病気もまた時代とともに変化している。食生活の変貌や高齢化により、感染症などの急性疾患からがんや循環器病などの生活習慣病、慢性疾患へと大きく変わった。これにより治療が長期化することで、医療は生活に不可欠な消費財と考えなければならない時代を迎えたのである。特に、受療者が治療や医薬品を求め、提供者がその求めに応じて診察を開始した時点で**治療契約（診療契約）**が成立する。つまり、医療は契約に基づき**医療サービス**を受療することで対価が発生しており、医療費（保険診療・保険外診療ともに）を支払い、医療機関や治療法を主体的に選択するのは消費者である、という解釈ができる。

　医療を消費者視点で捉え始めたことで、医療サービスに関する消費者トラブル（美容医療や歯科医療、医療一般）が表面化した。国民生活センターや**医療安全支援センター**に問い合わせのある相談・苦情は、治療法、医療費、医薬品、医療機関や医師など従事者への対応などがある。また、高齢社会や過剰な医療サービス提供などにより、医療費と調剤医療費が膨張している。これにより、消費者の自己負担が増加する可能性がある。

こうした医療の動向は、私たちの意識や消費行動のあり方に示唆を与えた。すなわち消費者は、医療サービス消費においても、消費者行動（欲求－情報収集－比較－意思決定－購入－自己評価）という一連の購買意識を連鎖させる必要がある。

　したがって、消費者教育では、①医療サービスは契約であることを理解する。②契約者である医療消費者は、病院や治療内容などを選択する際に、自らが可能な限り、納得できる意思決定をする。③自分の身体や病気について関心をもつ。④意思決定に必要な情報（病院や医師、自身の病症など）を知ろうとする。⑤消費者の安全と契約の公正を確保するために、患者の権利を行使し、責任ある消費者行動の重要性を理解すること、これらを身につける必要がある。

＊　　　＊　　　＊

[キーワード]
【医療消費者】　医療消費者とは、医療サービスに対して医療費を払う以上、消費者意識をもち、消費行動の取れる（患者の権利・責任行動）患者、およびその他の患者になり得るすべての人をさす。

【患者の権利】　患者の権利は、「患者の権利に関するWMA（World Medical Association：世界医師会）リスボン宣言（1981年）」により提唱された。1. 良質の医療を受ける権利、2. 選択の自由の権利、3. 自己決定の権利、4. 意識のない患者の権利、5. 法的無能力の患者の権利、6. 患者の意思に反する処置に対する権利、7. 情報に対する権利、8. 守秘義務に対する権利、9. 健康教育を受ける権利、10. 尊厳に対する権利、11. 宗教的支援に対する権利

【患者の責任】　医療消費者ネットワークMECONが、消費者の責任を医療むけに解釈したものがある。1. 批判的意識をもつ責任（医療サービスの内容、質、費用をしっかり見つめ、批評眼をもつ責任）、2. 参加して行動する責任（医療に参加し、適正な医療を受けられるよう自己主張＝行動する責任）、3. 社会に配慮する責任（医療の受益者として自らの行動が他者に及ぼす影響を自覚する責任）、4. 環境に配慮する責任（医療の受益者としての自らの行動が環境に及ぼす影響を理解する責任）、5. 団結＝連帯する責任（弱者としての患者の立場の理解＝擁護を求めて団結し、連帯する責任）

Q27　海外での消費者教育はどのようになっているのか

　米国では早くも1924年に教育学者ハラップ（H. Harap）が「消費者の教育―カリキュラム教材における研究―」を著したが、ハイスクールなどでの学校消費者教育が定着するのは1960年代とされる。特に、バニスター（R. Banister）とモンスマ（C. Monsma）による『消費者教育の諸概念の分類』（1982年刊行）は、今日の日本の消費者教育に少なからぬ影響を与えている。また、同時にコンシューマーズーユニオン（CU）による、商品テスト誌の発行を通じた市民向け消費者教育も今日に至るまで高い評価を得ている。

　欧州ではとりわけ、北欧諸国（ノルウェー、デンマーク、スウェーデン、フィンランド）が1960年代半ばより、学校における消費者教育についての共同研究をスタートさせた。また、EUの拡大に伴う欧州内の連携が広まり、1994年から12年間にわたり消費者教育の推進に寄与してきた情報誌**NICE-Mail**（編集長グラダ・ヘルマン）の発行においても、**北欧閣僚理事会**が財政支援をするなど重要な役割を果たした。北欧閣僚理事会は1995年に『北欧諸国における消費者教育―学校での消費者教育の目標―』を、さらに2009年には『消費者コンピテンスの指導―消費者教育戦略』を発表。消費者教育戦略においては、特に「持続可能な消費」と「メディア及び技術リテラシー」の２つを主要テーマとして焦点化し、これらに対して「家庭経営と参加」「消費者の権利と責任」「家計」「マーケティングと商業メディア」という４領域から消費者教育を体系づけている点に特徴がある。

　こうした北欧の動向に加え、日本の消費者教育政策にも影響を与えたのが、OECDや国連等の国際機関、さらにそれらの連携による消費者教育の幅広いネットワーク組織の存在である。特にOECDでは同2009年に『消費者教育の推進に向けて―傾向、政策と先進事例』を出版、続いて「消費者教育：OECD消費者政策委員会による政策提言」を発表し、

各国の消費者教育政策に改善を求めた。

　ノルウェーのヘドマーク大学（Hedmark University College）を拠点として、ヨーロッパ全体に向けてコンシューマ・シティズンシップ教育に関する情報の発信・収集を行う**コンシューマー・シティズンシップ・ネットワーク（CCN）**は2003年に設立され、さらにはこれを発展させたPERL（Partnership for Education and Research about Responsible Living）が活動を継承している。このように消費者市民の力は、グローバルな課題解決のために欠かせないことからも、近年では特に国際的な協調のもとに消費者教育が展開される傾向が見られると言えよう。

＊　　＊　　＊

[キーワード]
【消費者教育の諸概念の分類】　原題は"Classification on Concepts in Consumer Education"。本書は消費者教育の概念を、意思決定、資源管理、市民参加の3つに分類し、それらの総合としての消費者教育の意義を説いた、著者のバニスターは、やがて東ミシガン大学消費者教育センター所長として来日し、我が国の教育関係者らに影響を与えた。(公財)消費者教育支援センターは1990年に同センターを参考に構想された。

【CCNとPERL】　CCNは教育者、研究者、非政府組織の代表者による学際的なネットワークとして2003年10月に設立。コンシューマ・シティズンシップ教育に関する①教員養成・研修に関するカリキュラム調査、②ヨーロッパ中の実践状況の把握と分析、③研究や議論の喚起を目的として6年間活動した。2009年には、これに続くPERLが活動を継承し、2015年の段階でUNESCO、UNEP、CIを含む50カ国、140機関が参加している。特に現在、国連のESD（持続可能な開発のための教育）、SDGs（持続可能な開発目標）、SCP(持続可能な消費と生産)において重要な役割を果たしている。

【消費者教育：OECD消費者政策委員会による政策提言】　2009年11月、OECD（経済協力開発機構）は加盟国を中心とした消費者教育の現状と改善点をまとめ、"Consumer Education: Policy Recommendations of the OECD's Committee on Consumer Policy"として公表した。そこでは各国において「消費者教育の目的や戦略の定義づけ」、「教育プログラムの検証」、「教育の有用性の事後評価」等の不備が指摘されるとともに、学校における消費者教育の意義や教育者の技術習得の必要性、成人への教育機会提供の必要性についても提言されている。

Q28　国際社会の中で消費者教育はどうあるべきか

　消費財の大量輸入により、安価な商品が利用でき、消費選択の幅が広がり、豊かな文化に直接触れることができるなど、多くの面で個人や家庭が豊かな安定した消費生活を享受できるようになった。一方で、国や地域による独自な製造手法、多様な商品管理、流通経路の複雑化など、製造から入手までをこれまで以上に見通せない大きな壁が消費者の前に立ちはだかっている。政府間の交渉や国際間協定の締結が一般の消費生活に大きな影響を与え、個々の消費行動が国際間の経済格差や軋轢を生むことにもなった。

　このような中で、消費財の品質保証のため、多様な国際基準が設けられてきた。例えば、食品の品質や安全に関しては、国連の**コーディックス委員会**（食品規格委員会）が設置され、近年では、食品衛生管理の原則的な手順として**HACCP**（ハサップ：Hazard Analysis and Critical Control Point）方式を提案するなど、食品製造過程における安全管理の承認体制を整えている。また、工業製品は、日本では長らく**JIS**（日本工業規格）によってきたが、国際的な認証機関である**ISO**（国際標準化機構：International Organization for Standardization）による承認を求める企業や行政、団体が増加し、世界共通の規格となっている。また、消費者運動の源泉ともいえる**国際消費者機構**（CI）は、グローバル企業に向けた消費者憲章を制定し、事業活動における国際規範としての消費者利益保護の原則を提示し、消費者にとって基盤となる価値の共通理解を求めている。

　このように、陳列される全ての商品・サービスの製造者や販売者に倫理を求め、**品質の標準化**を図ることは当然であり、特に各国における安全に関わる法規制は重要なものとなる。例えば、商品の生産と流通、販

売に関する情報源として、家庭用品品質表示法に基づく製造者、輸入者、販売者の明示は重要であるが、さらに、それぞれの責任範囲の明確化なども必要となる。

　商品の取引においても、多様な国際社会の中で、相互の認識不足や習慣の相違、不正な販売によるトラブル等が増加することから、生産過程だけでなく、消費者個人レベルまで届く国際的な共通ルールの構築が必要となる。

　さらに、消費者からの国際社会に貢献する商品選択の基本的な考え方を提案するものに**フェアトレード**運動がある。生産に見合う適正な価格で商品やサービスを購入することで、地球上の生活水準の格差を解消していこうとするものである。消費者は、規格やルール作りに貢献するとともに、人類の一員としての自覚を持ち、商品やサービスの向こう側にいる人々の姿を互いに想像できる見識を備えることも大切である。

＊　　＊　　＊

[キーワード]
【コーディックス委員会（Codex Alimentarius Commission）】　1963年に食品規格を作成する国際的な政府間機関としてFAO（国連食糧農業機関）とWHO（世界保健機構）により設置された。国際食品規格（コーディックス規格）を作成し、消費者の健康、食品貿易の公正化を目的としている。日本は1966年に加盟し、農林水産省、厚生労働省などが参加している。

【国際消費者機構（Consumer International）】　1960年にアメリカの消費者同盟（CU）の呼びかけにより設立され、現在では120カ国に多数の団体を持つ組織となっている。さまざまな状況の経済社会に暮らす全ての消費者の公正で安全な持続可能な未来のために活動している。本部はロンドン。

【フェアトレード（Fair Trade）】　経済・社会の面において国際的に弱い立場にある生産者に対し、市場価格に関わらず、継続的な生産活動の維持に必要な対価を払おうとする国際的な活動である。主に農作物や手工芸品が扱われている。独自に認証制度（FLO:フェアトレード規格）を設け、認証商品に世界共通のラベルを貼るなど購入時の判断を容易にし、公正な販売と購入に貢献している。

消費者教育

重点領域		幼児期	小学生期	中学生期
各期の特徴		様々な気づきの体験を通じて、家族や身の回りの物事に関心をもち、それを取り入れる時期	主体的な行動、社会や環境への興味を通して、消費者としての素地の形成が望まれる時期	行動の範囲が広がり、利と責任を理解し、ブル解決方法の理解まれる時期
消費者市民社会の構築	消費がもつ影響力の理解	おつかいや買い物に関心を持とう	消費をめぐる物と金銭の流れを考えよう	消費者の行動が環境やに与える影響を考えよ
	持続可能な消費の実践	身の回りのものを大切にしよう	自分の生活と身近な環境とのかかわりに気づき、物の使い方などを工夫しよう	消費生活が環境に与え響を考え、環境に配慮生活を実践しよう
	消費者の参画・協働	協力することの大切さを知ろう	身近な消費者問題に目を向けよう	身近な消費者問題及び課題の解決や、公正なの形成について考えよ
商品等の安全	商品安全の理解と危険を回避する能力	くらしの中の危険や、ものの安全な使い方に気づこう	危険を回避し、物を安全に使う手がかりを知ろう	危険を回避し、物を安使う手段を知り、使お
	トラブル対応能力	困ったことがあったら身近な人に伝えよう	困ったことがあったら身近な人に相談しよう	販売方法の特徴を知り、ラブル解決の法律や制相談機関を知ろう
生活の管理と契約	選択し、契約することへの理解と考える態度	約束やきまりを守ろう	物の選び方、買い方を考え適切に購入しよう 約束やきまりの大切さを知り、考えよう	商品を適切に選択するもに、契約とそのルー知り、よりよい契約のを考えよう
	生活を設計・管理する能力	欲しいものがあったときは、よく考え、時には我慢することをおぼえよう	物や金銭の大切さに気づき、計画的な使い方を考えよう お小遣いを考えて使おう	消費に関する生活管理能を活用しよう 買い物や貯金を計画的よう
情報とメディア	情報の収集・処理・発信能力	身の回りのさまざまな情報に気づこう	消費に関する情報の集め方や活用の仕方を知ろう	消費生活に関する情報集と発信の技能を身によう
	情報社会のルールや情報モラルの理解	自分や家族を大切にしよう	自分や知人の個人情報を守るなど、情報モラルを知ろう	著作権や発信した情報責任を知ろう
	消費生活情報に対する批判的思考力	身の回りの情報から「なぜ」「どうして」を考えよう	消費生活情報の目的や特徴、選択の大切さを知ろう	消費生活情報の評価、の方法について学び、決定の大切さ知ろう

※本イメージマップで示す内容は、学校、家庭、地域に

系イメージマップ　Ver.1.0

高校生期	成人期		
	特に若者	成人一般	特に高齢者
涯を見通した生活の管理や計画の重要性、社会責任を理解し、主体的判断が望まれる時期	生活において自立を進め、消費生活のスタイルや価値観を確立し自らの行動を始める時期	精神的、経済的に自立し、消費者市民社会の構築に、様々な人々と協働し取り組む時期	周囲の支援を受けつつも人生での豊富な経験や知識を消費者市民社会構築に活かす時期
産・流通・消費・廃棄が境、経済や社会に与える響を考えよう	生産・流通・消費・廃棄が環境、経済、社会に与える影響を考える習慣を身に付けよう	生産・流通・消費・廃棄が環境、経済、社会に与える影響に配慮して行動しよう	消費者の行動が環境、経済、社会に与える影響に配慮することの大切さを伝え合おう
続可能な社会を目指して、イフスタイルを考えよう	持続可能な社会を目指したライフスタイルを探そう	持続可能な社会を目指したライフスタイルを実践しよう	持続可能な社会に役立つライフスタイルについて伝え合おう
近な消費者問題及び社会題の解決や、公正な社会形成に協働して取り組むとの重要性を理解しよう	消費者問題その他の社会課題の解決や、公正な社会の形成に向けた行動の場を広げよう	地域や職場で協働して消費者問題その他の社会課題を解決し、公正な社会をつくろう	支え合いながら協働して消費者問題その他の社会課題を解決し、公正な社会をつくろう
全で危険の少ないくらし消費社会を目指すことの切さを理解しよう	安全で危険の少ないくらし方をする習慣を付けよう	安全で危険の少ないくらしと消費社会をつくろう	安全で危険の少ないくらしの大切さを伝え合おう
ラブル解決の法律や制度、談機関の利用法を知ろう	トラブル解決の法律や制度、相談機関を利用する習慣を付けよう	トラブル解決の法律や制度、相談機関を利用しやすい社会をつくろう	支え合いながらトラブル解決の法律や制度、相談機関を利用しよう
切な意思決定に基づいて動しよう　約とそのルールの活用について理解しよう	契約の内容・ルールを理解し、よく確認して契約する習慣を付けよう	契約とそのルールを理解し、くらしに活かそう	契約トラブルに遭遇しない暮らしの知恵を伝え合おう
体的に生活設計を立ててよう　涯を見通した生活経済の理や計画を考えよう	生涯を見通した計画的なくらしを目指して、生活設計・管理を実践しよう	経済社会の変化に対応し、生涯を見通した計画的なくらしをしよう	生活環境の変化に対応し支え合いながら生活を管理しよう
報と情報技術の適切な利法や、国内だけでなく国社会との関係を考えよう	情報と情報技術を適切に利用する習慣を身に付けよう	情報と情報技術を適切に利用するくらしをしよう	支え合いながら情報と情報技術を適切に利用しよう
ましい情報社会のあり方、情報モラル、セキュリィについて考えよう	情報社会のルールや情報モラルを守る習慣を付けよう	トラブルが少なく、情報モラルが守られる情報社会をつくろう	支え合いながら、トラブルが少なく、情報モラルが守られる情報社会をつくろう
費生活情報を評価、選択方法について学び、社会の関連を理解しよう	消費生活情報を主体的に吟味する習慣を付けよう	消費生活情報を主体的に評価して行動しよう	支え合いながら消費生活情報を上手に取り入れよう

容について体系的に組み立て、理解を進めやすいように整理したものであり、学習指導要領との対応関係を示すものではありません。

索　引

【ア】

ISO……………………………………58
ICT（情報通信技術）……………50、52
アクティブ・ラーニング………………25
アジェンダ21 …………………………42
ESD……………………………………42
ESDの10年……………………………42
意思決定………………………………19
意思決定スキル………………………23
医療安全支援センター………………54
医療サービス…………………………54
ACAP……………………………14、32
NICE-Mail……………………………56
SNS（ソーシャルネットワーキングサービス）……………………………………31
OECD…………………………………10

【カ】

学習指導要領…………………………22
環境教育………………………………40
環境教育推進法………………………41
環境教育促進法………………………41
企業倫理…………………………17、32
キャリア教育…………………………50
教育委員会……………………………38
金融教育………………………………48
金融リテラシー………………………48
金融リテラシーマップ………………49
経済教育………………………………48
経済的投票権…………………………43
公共……………………………………22
公正かつ持続可能な社会……………13
合理的な意思決定……………………48
コーディックス委員会………………58
国際消費者機構（CI）………8、36、58
国際標準化機構………………………58
国民生活センター………………14、28
国連環境開発会議……………………42
国連環境計画…………………………10
国連人間環境会議……………………40
コンシューマー・シティズンシップ……12
コンシューマー・シティズンシップ・ネットワーク（CCN）………12、43、57
コンシューマリズム…………………36
コンプレインレター…………………31

【サ】

参加・体験型学習……………………24
CSR（企業の社会的責任）………17、32
JIS………………………………………58
持続可能性……………………………40
持続可能な開発目標（SDGs）………9、45
持続可能な消費………………………44
シティズンシップ………………………5
市民……………………………………12
主体形成…………………………………6
主婦連合会……………………………34
生涯学習………………………………18

障害者基本法	46	ステークホルダー	42
少子高齢社会	46	生活環境醸成能力	5
消団連	34	生活環境適応能力	5
消費者	12	総合的な学習の時間	22、46
消費者安全法	28		
消費者運動	36	【タ】	
消費者関連担当部門	33	団体訴訟制度	35
消費者基本計画	10	知的所有権	52
消費者基本法	8、16、18、26、34	地婦連	34
消費者教育コーディネーター	29、38	治療契約(診療契約)	54
消費者教育支援センター	14	適格消費者団体	35
消費者教育推進の基本方針	11、38	テサロニキ宣言	40
消費者教育推進法	4、8、10、15、16、18、20、22、24、26、29、40、45、46	デジタルデバイド	30、52
		トビリシ会議	40
消費者教育の体系イメージマップ	11、18、20、52	トリプル・ボトムライン	44
消費者教育ポータルサイト	20、31	【ナ】	
消費者啓発	30	NACS	34
消費者市民	12、23	日本消費者教育学会	14
消費者市民社会	4、7、8、10、12、15、35、40	日本消費者協会	14、34、35
		日本生産性本部	14
消費者政策	26	人間環境宣言	40
消費者団体	34		
消費者の権利	8	【ハ】	
消費者保護基本法	28	PIO-NET	28
消費者問題	36	バイマンシップ	5
消費者力検定	34	HACCP	58
消費生活コンサルタント養成講座	34	判断不十分者契約	46
消費生活センター	16、26、28、38	HEIB	32
情報通信技術	50、52	批判的思考	18、23
自立した消費者	27	病院の社会的責任	54

品質の標準化……………………58
フェアトレード運動……………59
福祉教育…………………………46
ブルントラント委員会…………44
ベオグラード憲章………………40
法教育……………………………48
北欧閣僚理事会…………………56

【ヤ】
ヨハネスブルグ・サミット……………42

【ラ】
リーガルリテラシー……………………48
倫理的消費………………………………13
連携・協働………………………………38

【マ】
メディアリテラシー………23、31、52

【ワ】
ワークショップ…………………………25

キーワード一覧

Q1【意思決定】………………………5
　【批判的思考】
　【トレード・オフ】
Q2【教育】……………………………7
　【人間の発達プロセス】
　【内的世界】
　【主体性の形成】
Q3【消費者の権利】…………………9
　【消費者の責任】
Q4【消費者教育推進会議】…………11
　【消費者教育推進の基本方針】
　【消費者教育推進計画】
Q5【コンシューマー・シティズンの由来】
　　………………………………………13
　【エシカル消費】
Q6【ホーム・エコノミクスと消費者教育】
　　………………………………………15

　【日本消費者教育学会】
　【消費者教育支援センター】
Q7【消費者教育の担い手の強化】………17
　【社会教育としての消費者教育】
Q8【生涯学習・生涯教育】………………19
　【市民講師】
Q9【消費者教育の重点領域】……………21
　【消費者教育ポータルサイト】
Q10【教科横断的な消費者教育の展開】…23
　【特別の教科　道徳】
Q11【ロール・プレイング】………………25
　【アクティブ・ラーニング】
Q12【消費者基本法】………………………27
　【規制行政】
Q13【全国消費生活情報ネットワーク・システム（PIO-NET）】……………………29
　【消費者相談資格の国家資格化】

Q14【メディアリテラシー】……………31
　【コンプレインレター】
Q15【企業倫理】………………………33
　【ACAP及びHEIB】
　【消費者関連担当部門】
Q16【主婦連合会】……………………35
　【日本消費者協会】
　【適格消費者団体】
Q17【日本の消費者運動】……………37
　【消費者団体】
Q18【消費者行政と教育行政】………39
　【消費者教育推進地域協議会】
　【消費者教育コーディネーター】
Q19【経済財と自由財】………………41
Q20【経済的投票権】…………………43
　【国連持続可能な開発のための教育の10年】
Q21【ブルントラント委員会】………45
　【トリプル・ボトムライン】
　【持続可能な開発目標】

Q22【社会保障】………………………47
　【社会福祉】
　【障害者支援と消費者教育】
Q23【経済教育】………………………49
　【金融経済教育】
Q24【キャリア教育の4領域と10能力】…51
　【キャリア教育】
　【ライフキャリア】
Q25【高度情報化社会】………………53
　【デジタルデバイド】
Q26【医療消費者】……………………55
　【患者の権利】
　【患者の責任】
Q27【消費者教育の諸概念の分類】………57
　【CCNとPERL】
　【消費者教育:OECD消費者政策委員会による政策提言】
Q28【コーディックス委員会】……………59
　【国際消費者機構】
　【フェアトレード】

執筆者一覧（担当）

東　　珠実（椙山女学園大学）Q1・Q6
阿部信太郎（城西国際大学）Q23
天野　晴子（日本女子大学）Q3
伊藤由美子（兵庫大学）Q24
色川　卓男（静岡大学）Q13
大本久美子（大阪教育大学）Q5
大藪　千穂（岐阜大学）Q2
小木　紀親（東京経済大学）Q15
奥谷めぐみ（福岡教育大学）Q14
小野由美子（東京家政学院大学）Q22・Q25
柿野　成美（消費者教育支援センター）Q18・Q27
鎌田　浩子（北海道教育大学）Q16・Q17
神山　久美（山梨大学）Q9・Q11
鈴木真由子（大阪教育大学）Q8・Q10
高橋　義明（世界平和研究所）Q21
田村　久美（川崎医療福祉大学）Q26
＊西村　隆男（横浜国立大学）Q4
野田　文子（大阪教育大学）Q28
細川　幸一（日本女子大学）Q12
松葉口玲子（横浜国立大学）Q19・Q20
吉本　敏子（三重大学）Q7

　　＊編集代表

編 集 後 記

　初代の消費者教育Q&Aは、正式には『消費者教育10のQ&A』として、1992年秋発刊の学会誌「消費者教育第十二冊」(光生館)に所収されている。米川五郎氏(現愛知教育大学名誉教授)が編集小委員会委員長として取りまとめに尽力された。私も委員の末席にいた。今井光映代表理事(当時)の下で、アメリカのPCCI(大統領消費者利益特別委員会)が発行した"Consumer Education ― What It Is? What It Is Not ?"の日本版作成を目指すものだった。その後約15年を経て、小木紀之会長(当時)の下、消費者教育Q&A検討会議により刊行されたものが、前作『新消費者教育Q&A』である。今回の出版もこれら多くの学会員の英知の積み重ねの上に、新たな執筆者も迎え、社会環境の変化等に応じた加筆修正や新たなQ&Aの追加がなされている。まさに学会の大いなる所産である。学会はつねに新たな発信をし続け、世に問うていかねばなるまい。

　　　　　　　　　　　　　　　　　　　編集代表　西村隆男

消費者教育 Q&A －消費者市民へのガイダンス－

2016年9月10日　初版発行

編　者	日本消費者教育学会
発行者	恒　川　順　継
印刷・製本	中部日本印刷工業株式会社
発行所	㈱中部日本教育文化会 〒465-0088 名古屋市名東区名東本町177 TEL 052-782-2323

落丁本・乱丁本はお取替します　　　　　ISBN 978-4-88521-905-4